60 expériences faciles et amusantes !

Delphine Grinberg

Nora Domenichini
pour les expériences avec les ombres

Isabelle Pellegrini et Karine Eyre
pour « Crée un nuage »

La collection *Croq'sciences* est née de la démarche développée à la Cité des enfants (Cité des sciences et de l'industrie) qui propose des expositions et des activités au cœur des sciences et des techniques. Rendre les enfants curieux du monde qui les environne en y associant le plaisir de la découverte est l'un des objectifs essentiels de la Cité des enfants.

universcience éditions
Nathan

sommaire

Les défis

Expériences à déguster

Expériences pour découvrir les animaux

Expériences avec l'eau

Expériences pour découvrir la chimie

Expériences avec les sens

Expériences pour rouler

Expériences avec les ombres

Es-tu curieux de connaître ce qui t'entoure ?

Si tu réponds « oui », ce livre est fait pour toi.
Il contient de vraies expériences scientifiques. Essaie-les !
Tu découvriras mille choses passionnantes qui te permettront
de mieux comprendre le monde, et tu t'amuseras beaucoup !

Quiz

À ton avis, vrai ou faux ?

Suis les fils avec ton doigt pour découvrir la réponse à chaque question.

Compte tes bonnes réponses !

De 7 à 12 bonnes réponses
Félicitations ! Ces questions sont très difficiles, même pour un adulte !

De 0 à 6 bonnes réponses
Oups ! Si tu explores ce livre, tu sauras répondre à toutes les questions.

Comment choisir une expérience ?

Si tu hésites, Lulu et ses amis peuvent te conseiller.

Les 5 expériences les plus faciles :

- 23 Fais flotter Mimi la patate
- 26 Charge des bateaux
- 38 Parcours le labyrinthe des pieds agiles
- 41 Fabrique des super chaussettes tacti-sonores
- 56 Crée des ombres de couleur

Les 5 expériences les plus merveilleuses :

- 24 Crée une tempête dans un bocal
- 35 Transforme des glaçons en perles de couleur
- 37 Crée des fleurs d'artifice dans du lait
- 52 Fais rouler des gouttes arc-en-ciel
- 60 Attrape un rayon de soleil

Les 5 expériences les plus dégoûtantes :

- 19 Un squelette dans la cuisine
- 20 Tu as des poux ? Observe-les !
- 32 Concocte une bonne pâte DÉGOULIFILANTE
- 33 Prépare un terrible bouillon BULLO-SPLASHEUR
- 36 Crée un mélange impossible : LE GRAISSAQUEUX

Les 5 expériences les plus stupéfiantes :

- 1 Soulève ton papa !
- 2 Fais disparaître la coquille d'un œuf !
- 6 Déplace 99 kilos avec 3 doigts
- 7 Un goûter dans le noir
- 50 Fabrique une boîte désobéissante

5 expériences pour préparer une fête ou t'amuser avec tes copains :

- 11 Prépare une dégustation de chocolat
- 13 Fabrique des bonbons
- 25 Fais nager des épingles
- 45 Avance à reculons !
- 51 Dirige un ballon acrobate

5 expériences à fabriquer :

- 3 Attrape une mouche vivante !
- 16 Une maison pour les escargots
- 39 Fabrique une boîte à toucher
- 47 Construis de drôles de machines roulantes
- 57 Joue au théâtre d'ombres

5 expériences pour ne pas t'ennuyer quand tu es tout seul :

- 12 Invente un gâteau sans sucre
- 15 Les escargots sont-ils vivants ?
- 18 Assemble une collection de trésors
- 28 Fabrique des icebergs
- 48 Franchis un pont avaleur de billes

5 expériences sans matériel :

- 5 Les doigts emmêlés
- 14 Fais comme si tu étais un animal
- 40 Ecris un message invisible dans le dos
- 43 Bizarre, bizarre… Tes yeux peuvent-ils te tromper ?
- 58 Fais des ombres chinoises

Comment réussir tes premières expériences ?

Au début, tu auras peut-être des problèmes, comme Kataflop et ses amis. Mais si tu suis ces conseils, tu deviendras vite un champion.

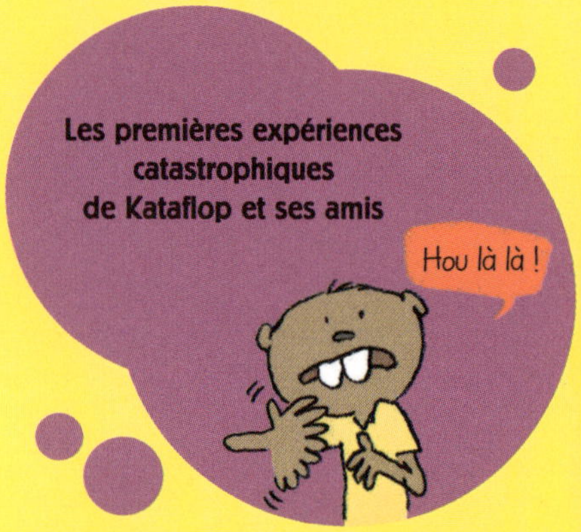

Au début, ils ont eu quelques problèmes. Évite de faire comme eux.

Ne te décourage pas. En t'exerçant, tu réussiras de mieux en mieux.

Demande de l'aide à une grande personne pour couper, percer, et pour tout ce qui peut être dangereux.

Quand on cherche comme un scientifique, on peut se tromper. C'est normal. Et c'est beaucoup plus intéressant que de trouver la bonne réponse en trichant.

Prépare un sac à trésors dans lequel tu garderas des emballages vides. Ils te serviront pour tes expériences.

La propreté, c'est très important pour qu'une expérience réussisse. Nettoie et essuie bien ton matériel avant et après chaque utilisation.

Les expériences de ce livre sont parfois impressionnantes. Mais il n'y a aucun danger si tu suis les indications.

Ne fais aucune expérience qui risque de faire souffrir un animal.

Tes parents aimeront mieux tes expériences si tu ranges quand tu as fini. Un conseil : faites les expériences ensemble !

Tu es prêt ?

Pour commencer, si tu lançais
de drôles de défis aux grandes personnes ?
Tu vas peut-être beaucoup les étonner...

1

Le défi : soulève ton papa !

Un enfant peut-il soulever son papa ? Si tu t'y prends comme Kataflop, même en essayant de toutes tes forces, c'est impossible. Et c'est dangereux : tes muscles et tes os ne sont pas assez forts pour soulever une grande personne. Un papa est très lourd, même s'il est très maigre.

Propose à ton papa d'aller à la piscine !

À la piscine, lance un défi à ton papa.
Je parie que je peux te porter !
C'est impossible, voyons...

Demande à ton papa de s'accroupir dans l'eau, là où tu as pied. Et toi, reste debout dans l'eau.
N'aie pas peur papa !

Attrape ton papa sous le dos
et emmène-le en promenade.

Quand ton papa de 70 kilos est dans l'eau, c'est comme s'il n'avait plus de poids. Pourtant, il n'est pas devenu plus léger d'un coup de baguette magique. L'eau le porte comme un coussin, et c'est pour ça que tu peux le soulever facilement... surtout s'il ne sort que le bout de son nez.

2

Le défi : fais disparaître la coquille d'un œuf !

Pose un œuf cru dans la main d'une grande personne. Dé-li-ca-te-ment. Dis-lui qu'elle pourra le faire tomber de 20 centimètres de haut, sans qu'il se casse. Elle te regardera peut-être avec des yeux bizarres : un œuf cru, tout le monde le sait, sauf les bébés, c'est fragile, coulant, dégoulinant !

Un jour où tes parents te disent pour la 727e fois que tu es un champion des catastrophes…

Propose-leur un tour de chimie qui ressemble à un tour de magie…

Dis à tes parents que tu vas faire disparaître la coquille d'un œuf, et le transformer en gros pépère élastique.

Pose tout doucement un œuf cru au fond d'un bocal, sans le casser. Verse du vinaigre blanc jusqu'à 2 cm au-dessus de l'œuf, et ferme bien le couvercle du bocal.

Le bocal doit être un peu plus large que l'œuf pour que celui-ci ait la place de grossir.

Montre à tes parents les drôles de choses qui se passent dans le bocal. Mais sans l'ouvrir ! Personne n'a le droit d'y toucher pendant 24 heures.

Au bout de 24 heures, on peut ouvrir le bocal.
Prends l'œuf et rince-le sous l'eau.
Donne-le à tripoter à tes parents.

Montre à tes parents toutes sortes de choses qu'on peut faire avec cet œuf.

Si on appuie et qu'on tourne l'œuf, on voit le jaune qui se promène.

On peut comparer avec un autre œuf cru pour voir s'il a grossi.

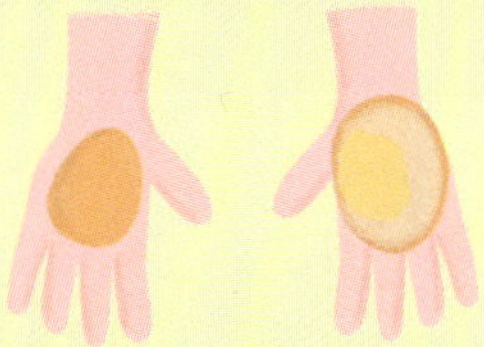

On le lâche ?

Essayez d'abord de 5 cm, puis un peu plus haut… Au-dessus d'une assiette, c'est plus prudent !

Les secrets des transformations de l'œuf

Où est passée la coquille ?
Elle a été attaquée par le vinaigre et elle s'est transformée en bulles de gaz carbonique, en sel, et en d'autres produits qui se sont mélangés avec le vinaigre.

Pourquoi l'œuf a-t-il grossi ?
Il s'est rempli de vinaigre, un peu comme une éponge qui se remplit d'eau.

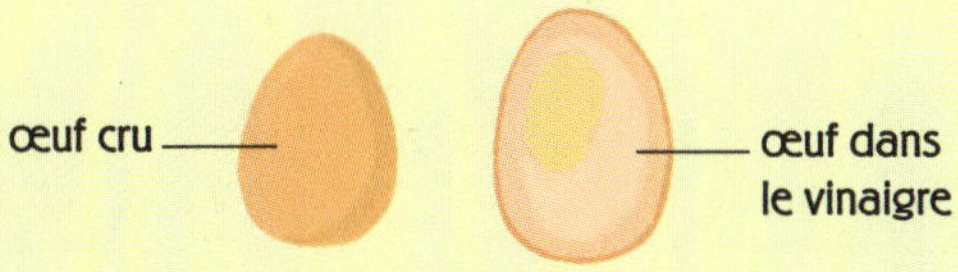

Pourquoi l'œuf ne dégouline pas ?
Grâce à la fine peau qui l'entoure. C'est celle que tu vois quand tu épluches un œuf dur.

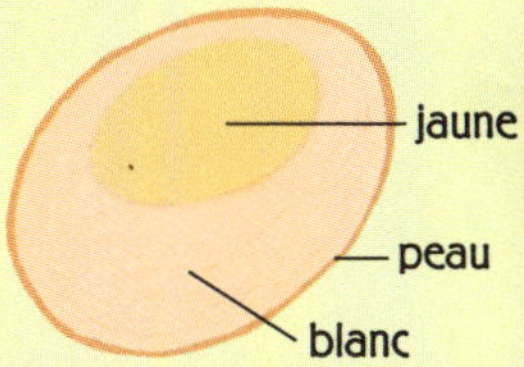

Pourquoi l'œuf devient élastique ?
À cause d'une réaction chimique entre le vinaigre et le blanc d'œuf. C'est comme si le vinaigre le faisait cuire, très lentement.

3

Le défi : attrape une mouche vivante !

Si tu essaies d'attraper une mouche comme Caracol, tu as peu de chances de réussir. Les mouches vont très-très-très vite. Elles sont toutes petites, mais elles ont des yeux énormes qui voient même derrière leur tête. Elles ont des réflexes 10 fois plus rapides que les tiens. Et quand elles s'envolent, elles battent des ailes 200 fois par seconde…

Un jour où des mouches participent à ton goûter, ce qui énerve ta maman...
Si on essayait d'attraper une mouche sans lui faire mal ?
Pfff... J'ai déjà essayé 36 fois, je rate toujours !

Persuade ta maman d'essayer encore sans se décourager.

Toi, tu sais que les mouches voient surtout les ombres et les mouvements. Si ça bouge, elles se méfient et s'envolent. Il faut donc s'approcher lentement d'elles, en surveillant les ombres.

Donne à ta maman un verre et un papier pour faire un piège.

Quand vous êtes tout près d'une mouche, posez rapidement le verre dessus. Elle va s'envoler… dans le verre. Glissez un papier dessous pour la transporter.

Propose à ta maman d'observer la mouche en train de manger avant de la relâcher.

Quand vous serez champions pour attraper des mouches, vous pourrez construire un grand observatoire à mouches.

Quand vous avez fini vos observations, relâchez les mouches.

Si tu regardais la mouche avec une loupe très puissante, tu pourrais observer…

4

Le défi : écris avec un miroir !

Les grandes personnes savent-elles écrire leur prénom ? En général, oui, très bien. Elles ont tellement l'habitude de l'écrire, qu'elles peuvent le faire en majuscules, en attaché, en signature et même… les yeux fermés.

Et pourtant, ici, elles vont avoir de sérieux problèmes pour écrire leur prénom…

Propose à tes parents un exercice facile.

Demande à tes parents d'écrire
leur prénom sur une feuille,
en s'appliquant bien.
Toi, tu prépares un miroir.

Demande-leur de recopier
leur modèle, mais cette fois-ci
en regardant seulement le reflet
de leur main dans le miroir.

Propose-leur de suivre ce labyrinthe avec un doigt, en le regardant dans un miroir.

C'est difficile d'écrire en regardant dans un miroir ?

Oui, surtout pour les adultes, à cause de leur mémoire. Depuis leur enfance, les gestes pour écrire se sont gravés dans leur cerveau.

Ici, à cause du miroir, tout se mélange dans leur tête : la main fait tout le contraire de ce que voit l'œil, c'est la pagaille !

Pour les enfants, c'est souvent plus facile parce qu'ils n'ont pas encore une grande habitude : il est possible que tu réussisses mieux que tes parents.

5

Le défi : les doigts emmêlés

Si tu demandes à un enfant de 3 ans : « Lève ton petit doigt gauche ! », il va sans doute se tromper. Il faut plusieurs années avant qu'un enfant reconnaisse la gauche et la droite. Mais si tu demandes à tes parents : « Levez l'index droit ! », ils ne se tromperont pas, même les yeux fermés. Les grandes personnes connaissent parfaitement leur main droite, leur main gauche, et chacun de leurs dix doigts.

Pourtant, tu vas pouvoir emmêler tous leurs doigts dans leur tête…

Un jour où tes parents t'asticotent un peu alors que tu as mis tes chaussures à l'envers, propose-leur un défi !

Propose à tes parents de tendre
les bras en les croisant,
puis de s'attraper les mains
en entrecroisant leurs doigts.

Ensuite, demande-leur de plier
les coudes pour ramener
les mains devant la poitrine.

Montre-leur un doigt,
et demande-leur de le lever.
Surtout ne le touche pas !

Index droit, lève-toi !

Pour que ce doigt se lève et pas son voisin,
il faut que ton cerveau sache où est chaque doigt.
Qui lui dit ?

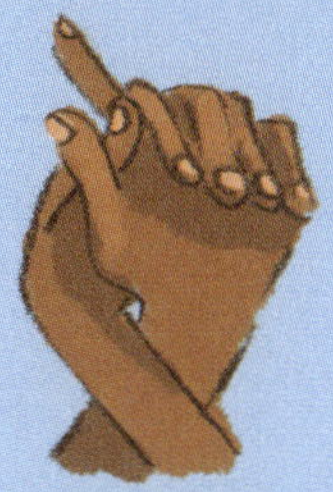

Les muscles et les articulations de ta main.
Ils le renseignent si bien d'habitude qu'il n'a pas besoin de regarder pour vérifier.
Ça marche, même les yeux fermés.

Mais...

Quand on croise les mains dans une position inhabituelle, le cerveau reçoit des informations étranges des muscles et des articulations.
Et quand les yeux regardent, c'est encore pire, parce que les informations sont contradictoires.

Résultat : le cerveau s'embrouille. Et parfois il envoie des ordres aux muscles d'un autre doigt !

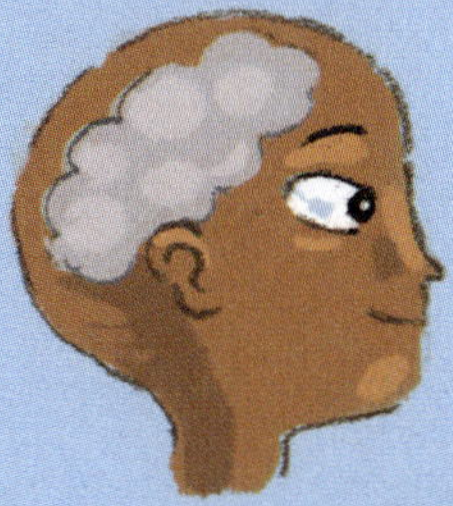

6

Le défi : déplace 99 kilos avec 3 doigts

Un enfant peut-il déplacer tout seul une montagne de livres ?
Si tu essaies en poussant comme Miroulette, tu glisseras, tu transpireras, mais rien ne bougera. C'est normal : les muscles d'un enfant ne sont pas assez puissants pour pousser de très lourdes charges.
Et même un adulte aura du mal à le faire…

Il te faut :

- 2 ou 3 balais
- un grand carton
- des livres ou des objets lourds
- une balance

Demande à tes parents de démonter les balais, et de coucher les manches par terre. Pose une grande boîte en carton dessus.

L'expérience est plus facile sur un sol lisse et glissant, recouvert de carrelage, par exemple.

Propose-leur de remplir le carton avec 99 kilos de livres ou d'autres objets très lourds.

Pesez ce que vous mettez dans le carton.

C'est prêt ?
Pousse le carton doucement
en avant et en arrière, avec une main.

Si vous avez d'autres bâtons, vous pouvez déplacer le carton à la manière des bâtisseurs de palais antiques en les posant devant le carton.

Avancez lentement en faisant bien attention à vos doigts et à vos pieds.

Comment les bâtisseurs
des palais antiques transportaient-ils
les énormes pierres ?

À cette époque, les camions n'existaient pas.

Pour transporter ces blocs de pierre, il fallait être très nombreux. On pense que certains ouvriers glissaient des troncs d'arbres sous les pierres pendant que d'autres tiraient sur des cordes. Ils avançaient lentement car il fallait toujours courir remettre des troncs à l'avant.

Ils faisaient comme toi et tes parents, lorsque vous avez mis des bâtons sous le carton.

7

Le défi : un goûter dans le noir

As-tu envie de faire un goûter inoubliable avec ta famille et tes amis ?
Alors, avec un adulte, organise un goûter… dans le noir.

Prépare une pièce toute noire.
Aucune lumière ne doit passer.

Protège le sol s'il craint les taches.
Enlève les objets dans lesquels on pourrait se cogner.
Rapproche les chaises pour que les convives
soient bien près les uns des autres.

Prépare un délicieux goûter. Pose tout sur la table.

Il te faut :

• une assiette par personne avec des petits morceaux de différents aliments

• des bols de surprises à se faire passer

• des boissons froides

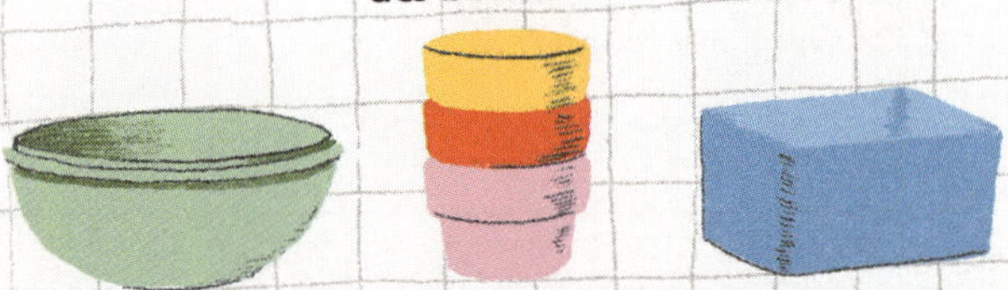

• ni plat chaud ni vaisselle cassante

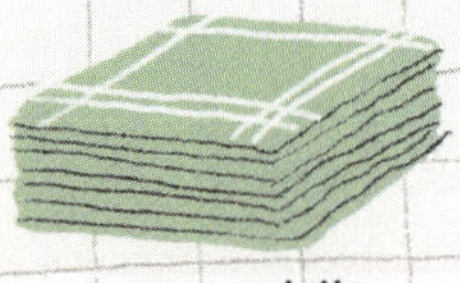

• des serviettes

Quand on est dans le noir…

Au début, on a peur. Mais, peu à peu, on s'habitue. On sent très fort les goûts, les odeurs, ce qui colle et ce qui croustille. On aime entendre la voix des autres. On aime les sentir tout près. On rit quand il faut remplir son verre en évitant de le faire déborder. On peut lécher son assiette sans que personne ne le voie.

Si quelqu'un a vraiment peur, il ne faut pas l'obliger à aller dans le noir.

Peut-être qu'il en aura envie la prochaine fois.

8

Teste des repas extraordinaires !

Il existe des façons bien différentes de manger.
Et si tu essayais ces repas pas comme les autres ?
En famille, préparez-les, dégustez-les et notez votre avis sur les fiches de dégustation (p.121-122).

Manger avec 3 doigts comme le roi

Il y a 500 ans, le roi de France mangeait avec 3 doigts. Tout le monde faisait comme lui. Les fourchettes, les cuillères et les assiettes n'existaient pas. On mettait la nourriture sur une grosse tranche de pain qu'on donnait aux chiens après le repas. On lapait la soupe dans un bol.

Aurais-tu envie de manger comme le roi ?

Manger comme un enfant japonais

Dans les maisons traditionnelles japonaises, on s'installe à genoux sur des coussins autour d'une table basse.

On mange du riz, du poisson cru, des algues, des légumes coupés en petits morceaux.
Il n'y a pas de fourchette : on mange avec 2 baguettes.
Les plus jeunes prennent le riz avec leurs doigts.

Aurais-tu envie de manger comme un enfant japonais ?

Manger des pâtes bleues

Des pâtes bleues ou un poulet violet, est-ce appétissant ?

Pas forcément. La couleur des aliments, c'est important : elle nous indique même s'ils sont bons à manger ou pas. Alors, quand on remplace leur vraie couleur par une couleur bizarre, on ne peut plus savoir !

Aurais-tu envie de goûter des pâtes bleues ?

Manger comme un *bébé* de 5 mois

Le bébé ne sait pas tenir une fourchette, et il ne peut pas croquer parce qu'il n'a pas de dents.

On lui donne des biberons, et des purées à la cuillère. Il fait des grimaces quand il goûte quelque chose qu'il ne connaît pas. Mais il y a des bébés qui adorent le citron !

Aurais-tu envie de manger comme quand tu étais un petit bébé ?

Un repas tout mélangé

Les pâtes, c'est bon. Le chocolat aussi.
Mais pourquoi est-ce qu'on ne mange jamais des pâtes au chocolat ? Parce que nos repas sont pleins de petites habitudes cachées sur ce qui doit aller ensemble, ou sur l'ordre des plats.

Aurais-tu envie de changer ces habitudes en faisant un repas tout mélangé ?

Entrée :
Verre de spaghettis au chocolat.

Plat principal :
Frites à la fraise et à la sardine.

Dessert :
Sandwich poulet-yaourt-céréales.

9 Goûte des aliments mystérieux

Peux-tu reconnaître des aliments coupés en cubes, en les goûtant ?

Il te faut :

- des fruits, des légumes, des fromages à couper en petits cubes

- une assiette
- un couteau

- le carnet de dégustation fourni avec le livre (p. 119-120)
- des étiquettes en papier numérotées (fabrique-les)

- un foulard pour bander les yeux

À toi de jouer !

1 Le préparateur découpe en secret des petits cubes d'aliments dans une assiette. Il pique les étiquettes dessus et note leur nom sur le carnet de dégustation pour s'en souvenir.

2 On bande les yeux du goûteur. Il essaie de reconnaître les aliments. Le préparateur compare ses réponses avec ce qu'il avait noté.

Remplace les cubes par des poudres de même couleur : sel, sucre, farine, noix de coco, amande, parmesan… Fais-les reconnaître en touchant, en sentant, en goûtant.

10 Es-tu un fin goûteur d'eau ?

Es-tu capable de reconnaître
les deux eaux qui ont le même goût ?

Il te faut :

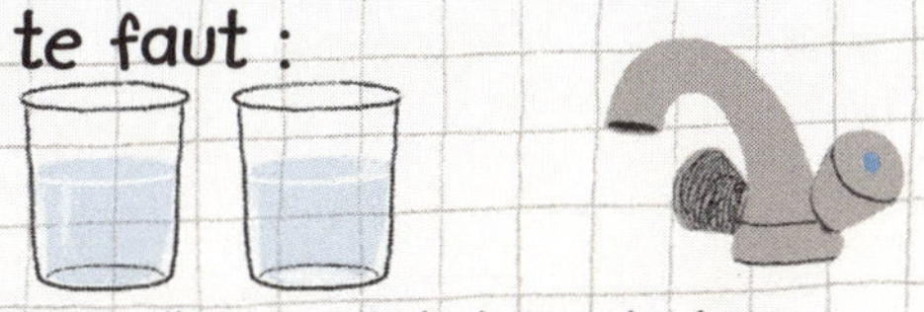

• 2 verres d'eau que tu bois tous les jours

• 2 verres d'eau minérale

• 2 verres d'eau avec quelques gouttes de citron

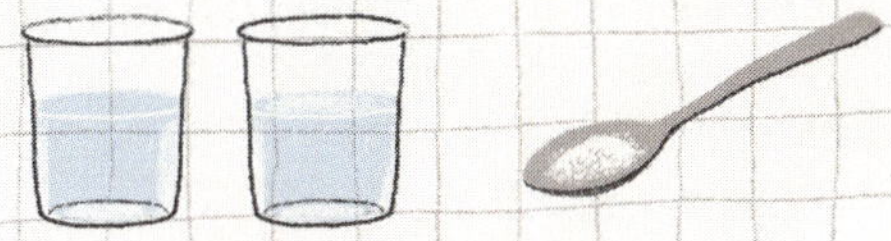

• 2 verres d'eau avec une pincée de sucre

• le carnet de dégustation (à découper p. 119-120), un crayon et des étiquettes en papier numérotées

À toi de jouer !

1 Le préparateur place une étiquette dans chaque verre et note leur nom sur le carnet de dégustation. Ensuite, il mélange les verres.

2 Le goûteur essaie de retrouver les deux eaux identiques en les regardant, puis en les goûtant. Le préparateur compare les réponses avec ce qu'il avait noté.

Attention !

Ne bois pas le contenu d'une bouteille sans demander la permission à un adulte. Il y a des liquides transparents qui ressemblent à de l'eau mais qui sont des poisons dangereux.

11 Prépare une dégustation de chocolat

Transforme du cacao amer en pâte de chocolat onctueuse et parfumée.

Il te faut :

- de la poudre de cacao amer
- des matières qui peuvent transformer le cacao en pâte (lait, beurre, crème fraîche…)
- des ingrédients pour sucrer la pâte (miel, sucre…)
- des ingrédients pour la parfumer
- 4 ou 5 petits bols, des cuillères à café et une jolie assiette
- le carnet de dégustation (p. 119-120), un crayon et des étiquettes en papier numérotées

À toi de jouer !

1 Mets une cuillère à café de cacao dans un bol. Goûte : c'est mauvais ?

2 Ajoute tout doucement une des matières qui transformera la poudre en pâte. Mélange. Mesure combien tu en as mis.

3 Ajoute des ingrédients pour sucrer et parfumer. Mets-en très peu à la fois, mélange et goûte. Mesure combien tu en as mis.

4 Ça y est ? Ta pâte est bonne ?
Note ta recette sur ton carnet de dégustation et mets la pâte dans une jolie assiette.

5 Prépare plusieurs pâtes différentes.
Pique les étiquettes dessus et fais-les tester à ta famille.

Beurk ! le cacao, c'est mauvais !

Tu n'aimes pas le cacao pur, mais tu aimes le chocolat ? C'est normal, car le cacao est amer. Même les animaux n'aiment pas ce goût car, dans la nature, la plupart des poisons ont un goût amer.
Mais l'homme est capable de transformer le cacao en chocolat délicieux : il ajoute des ingrédients, il le fait cuire... Et tu te régales ! Regarde sur l'emballage d'une tablette de chocolat la liste des ingrédients.

12 Invente un gâteau sans sucre

Imagine qu'il n'y ait plus de sucre dans la maison, juste quand tu as envie de faire un gâteau. Heureusement, il y a du sucre caché dans beaucoup d'aliments. Trouve par quoi tu pourrais le remplacer.

Il te faut :

- 125 grammes de farine
- 3 œufs
- 1 sachet de levure
- 100 grammes de beurre
- ? ce qui peut remplacer 100 grammes de sucre
- un plat creux
- un moule à gâteau
- ton carnet de dégustation (p. 119-120)

À toi de jouer ! Fabrique le gâteau.

1 Mets la farine, les œufs, le beurre fondu, la levure et ce qui remplace le sucre dans un plat creux. Mélange bien.

2 Verse la pâte dans un moule beurré et fariné.

3 Fais cuire ton gâteau au four 25 minutes à 200 °C.

4 Donne ton gâteau à déguster sans dire qu'il a été fait sans sucre.

Tes goûteurs l'ont-ils remarqué ?

Voici mes idées pour remplacer le sucre : miel, confiture, poudre d'amande, noix de coco, carotte…

Si la recette te plaît, note-la sur ton carnet de dégustation.

Compte combien de morceaux de sucres cachés tu manges par jour.

Pour être en bonne santé, un enfant devrait manger au maximum 10 sucres par jour. Beaucoup d'enfants européens en mangent 30 par jour. Et toi ?

1 verre de soda — 1 barre chocolatée — 1 yaourt aromatisé — 1 chewing-gum — 1 bol de céréales

13 Fabrique des bonbons

Apprends à fabriquer des bonbons. Puis inventes-en !

Il te faut :

- 150 g de sucre en poudre
- 4 feuilles de gélatine alimentaire
- 1 bol d'eau froide
- 1 cuillère à soupe de jus de citron
- 3 cuillères à soupe de jus de pomme ou de raisin
- 5 gouttes de colorant alimentaire (JAMAIS d'encre !)
- 1 casserole,
- 1 bol,
- 1 moule

À toi de jouer ! Fabrique tes premiers bonbons.

1 Coupe la gélatine en deux. Mets-la quelques minutes dans le bol d'eau pour qu'elle ramollisse.

2 Verse 75 g de sucre dans une casserole. Fais-le fondre avec le jus de citron et le jus de fruit en remuant avec une cuillère en bois.

3 Hors du feu, ajoute la gélatine égouttée et le colorant. Mélange pour dissoudre la gélatine.

4 Verse la pâte dans un moule, et mets-la 2 heures au réfrigérateur pour qu'elle se transforme en gelée.

5 Démoule la pâte avec un couteau. Coupe des petits carrés d' 1 cm environ. Mets le reste du sucre dans un bol et roules-y tes bonbons.

Donne-leur un nom, et fais-les goûter à tout le monde !

Les bonbons inventés par Mili

Frutti-bonbi
Fabriqués avec de la grenadine, de la menthe, du miel ou du sirop d'érable, au lieu du jus de fruit.

Bonbons-étoiles
Dans des petits moules de formes différentes.

Bonbons-neige
Roulés dans de la poudre d'amande ou de noix de coco.

Bonbons-blagueurs
Teintés par un colorant alimentaire qui ne va pas avec le goût du sirop.

Bonbons arc-en-ciel
Faits de plusieurs couches de gelée superposées. Mettre la pâte au frais 15 minutes avant d'ajouter une autre couche.

Tu sais fabriquer des bonbons ?

Fais comme Mili, crée de nouvelles recettes.

- N'oublie pas de donner un nom à tes bonbons.
- Note tes recettes sur ton carnet de dégustation (p. 119-120).
- Garde les bonbons au frais et mange-les rapidement.

14 Fais comme si tu étais un animal

Comme toi, les animaux marchent, se défendent ou se lavent.
Mais ils le font d'une manière bien différente de celle des hommes.
En t'aidant des fiches d'expériences, essaie de les imiter.
Tu seras peut-être surpris !

Expériences 1 et 2 : Se nettoyer comme le chat et le singe

Le chat se nettoie très souvent. Pourtant, il déteste l'eau. Comment fait-il ? Il se lave avec sa langue, ses pattes, et en faisant de la gymnastique !

Les singes attrapent des poux, comme les hommes. Pour les retirer, ils s'épouillent les uns les autres pendant des heures. C'est pratique et cela développe les bonnes relations dans la famille.

Pour les animaux, rester propre est important, car cela les protège des maladies. Veux-tu essayer de faire ta toilette comme le chat ou comme le singe ?

Expériences 3 et 4 : Marcher comme l'éléphant et le gorille

L'éléphant est très lourd : il pèse autant que 100 hommes. Pourtant, il ne fait aucun bruit avec ses énormes pattes.

Quand le gorille se déplace au pied des arbres, il s'appuie sur ses mains pliées.

Veux-tu essayer de marcher silencieusement comme l'éléphant, et sur tes mains comme le gorille ?

Expériences 5 et 6 : Se défendre comme le gorille et l'oppossum de Virginie

Malgré sa taille et sa force, le gorille est calme et discret. Mais s'il se fâche, attention ! il devient si impressionnant que son adversaire s'enfuit souvent avant qu'il ne le touche.

Le petit oppossum, lui, n'est pas impressionnant du tout : il est gros comme un chat. Comment peut-il se défendre ? En faisant le mort.

Fort ou faible, chacun a sa tactique pour se défendre. Veux-tu essayer d'être impressionnant comme le gorille, et de faire le mort comme l'oppossum ?

Expériences 7 et 8 : Jouer comme les oursons et les éléphanteaux

Les oursons jouent à se battre sans se faire mal et à grimper aux arbres.

Dans l'eau, les bébés éléphants essaient d'éclabousser les grands avec leur petite trompe.

Pour les animaux, jouer, c'est amusant, mais c'est aussi très utile pour devenir adroits, apprendre à chasser, et à bien se comporter avec les autres. Veux-tu jouer comme des oursons et des éléphanteaux ?

15

Les escargots sont-ils vivants ?

Tu as trouvé des escargots immobiles dans leur coquille ? Essaie de savoir s'ils sont vivants.

Il te faut :

- des escargots trouvés dans les haies

- ce qui pourrait réveiller des escargots

À toi de jouer !

Observe bien chaque coquille pour savoir si l'escargot est vivant.

Si la coquille est fermée par une petite « porte », l'escargot est peut-être endormi à l'intérieur.

Si la coquille est vide, l'escargot est mort.

Si tu vois quelque chose bouger, c'est le corps de l'escargot.

Comment réveiller des escargots ?

Essaie avec les tiens avant de regarder la réponse.

Si la coquille est fermée, sois très patient ! L'escargot prend son temps pour se réveiller, surtout l'hiver.

Réponse :
Quand les escargots sont posés sur une flaque d'eau, ils sortent de leur coquille.

16

Une maison pour les escargots

Tu voudrais faire un élevage d'escargots ? Il faut les installer bien confortablement. Cherche quelle maison et quelle nourriture ils préfèrent.

Il te faut :

- des escargots

- une grande bassine et un couvercle avec des petits trous pour éviter que les escargots ne s'échappent

- de quoi fabriquer une maison confortable

- de la nourriture qui plairait aux escargots

À toi de jouer !

Dans la bassine, prépare différentes maisons pour les escargots, et différentes nourritures. Quand tout est prêt, pose les escargots au milieu, et regarde ce qu'ils choisissent.

Installer un terrarium

Garde le terrarium humide. Change régulièrement la nourriture. Tu verras peut-être les escargots se reproduire et pondre des œufs.

Petits conseils pour l'élevage d'escargots

17

Observe un chemin de fourmis

Tu as découvert des fourmis qui se promènent à la queue leu leu ? C'est un chemin de fourmis. Accroupis-toi pour observer tout ce qui s'y passe.

Les fourmis vont-elles toutes dans le même sens ou se croisent-elles ?

Lorsque des fourmis se croisent, elles se tapotent les antennes ou s'échangent de la nourriture.

Les fourmis transportent-elles de la nourriture sur leur dos ?

Les fourmis sont très fortes. Elles peuvent transporter des charges 60 fois plus lourdes qu'elles, comme si tu portais une voiture.

Quelle nourriture les fourmis préfèrent-elles ?

Pour le savoir, dépose différents aliments sur leur route. Lesquels vont-elles emporter ?

Comment font les fourmis pour ne pas perdre leur chemin ?

Elles reconnaissent leur route grâce à l'odeur que chaque fourmi dépose en passant. Pose des petits obstacles en travers et observe quand elles sont perdues.

Pour empêcher les fourmis d'entrer dans les maisons, on peut mettre une odeur qu'elles n'aiment pas sur leur chemin, du citron par exemple.

Qu'y a-t-il au bout du chemin des fourmis ?

Si tu suis les fourmis qui transportent de la nourriture… Tu les verras peut-être disparaître dans un petit trou, ou dans une fourmilière qui ressemble à ce dôme. Ne les dérange pas, elles risqueraient de te mordre, de te pincer ou de t'envoyer un peu d'acide pour se défendre.

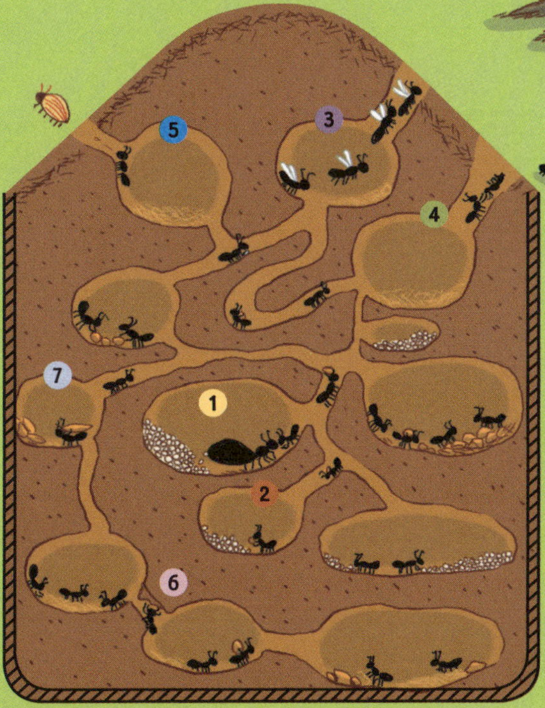

Dans la fourmilière, des milliers de fourmis vivent autour d'une reine. Elles sont très occupées. Cherche qui fait quoi.

Qui fait quoi ?

1 La reine pond des milliers d'œufs. Une ouvrière la nourrit.

2 Une nourrice lèche les œufs pour les laver et les humidifier.

3 Des fourmis ailées mâles et femelles vont s'envoler pour fonder une nouvelle fourmilière.

4 Une ouvrière transporte une fourmi morte hors de la fourmilière.

5 Une fourmi soldat va asperger d'acide un ennemi.

6 Une ouvrière répare une galerie.

7 Une ouvrière fait des provisions pour l'hiver.

18

Assemble une collection de trésors

Fais des collections avec les trésors que tu trouves dans la nature. Suis les conseils, et tu pourras imaginer toutes sortes de collections à ta façon, comme Caracol et ses amis.

Conseils pour choisir les trésors

Objets intéressants :

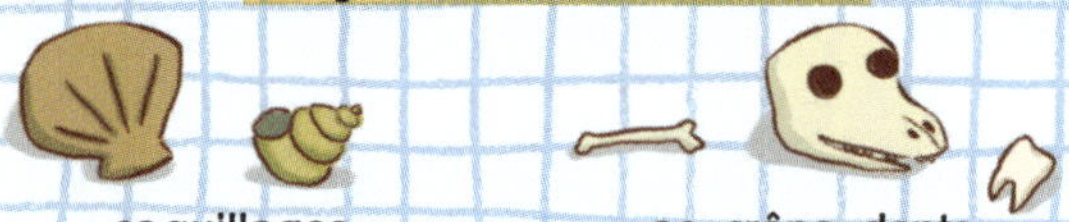

- coquillages
- os, crâne, dents

- mue de serpent (rare !) ou d'insectes morts
- carapace de crabe

- oursin (rare !)
- noisettes grignotées

Ne prends pas :

- des animaux vivants
- des nids, sauf si tu es certain qu'ils sont abandonnés

- des animaux morts qui pourrissent
- des animaux protégés

Conseils pour installer une collection

Rassemble tes trésors par famille. Prends une boîte pour chaque famille.

Si les objets sont fragiles, pose-les sur du coton ou de la mousse. Demande à un adulte de t'aider à les fixer avec des épingles.

Prépare une étiquette pour chaque trésor. Écris ou dessine ce qui est important pour toi.

Les collections de Caracol et de ses amis

**Toi aussi,
tu peux créer des collections à ta façon !**

Tu peux aussi inventer des jeux avec tes collections !

19

Un squelette dans la cuisine

Tu aimerais voir un vrai squelette ? Demande à tes parents d'acheter un poulet entier, avec la tête et les pattes.

Avant de cuire le poulet, observe-le.

- Cherche ses pattes, ses ailes, son cou.
- Oriente-le en mettant son dos en haut, et ses pattes en bas.
- Compte ses doigts.
- Fais bouger les articulations des pattes et des ailes.

Fais bouger les doigts du poulet !

Prends une patte coupée, et attrape les tendons. Ils ressemblent à des ficelles blanches. Si tu tires dessus, les doigts se plient.

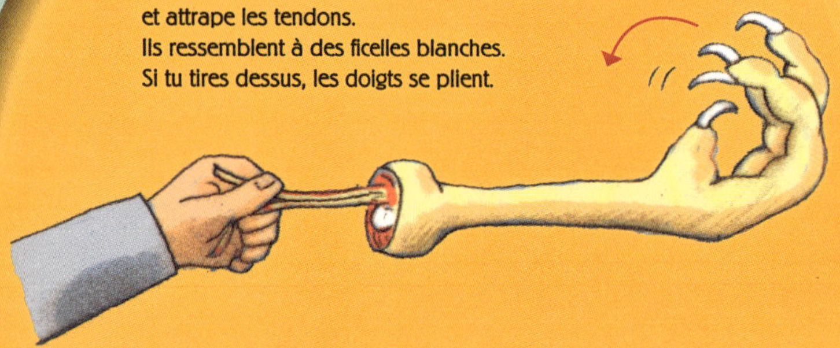

Cherche les vertèbres.

Ce sont les os de la colonne vertébrale. Le poulet, qui a un long cou, en a 41. Mais tu peux compter seulement 26 vertèbres car les autres sont soudées.

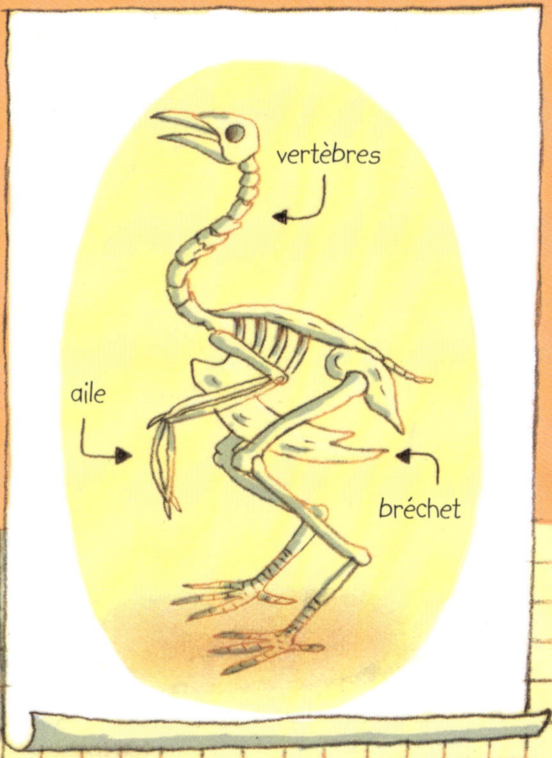

Après le repas…

Demande qu'on te donne la carcasse et les os.
Mets un tablier. Installe-toi dans la cuisine.
Défais tout doucement la carcasse.
Enlève peu à peu tout ce qui est mou :
tu vas faire apparaître les os et les articulations.

Cherche 2 os attachés ensemble.

Fais-les bouger, et regarde l'endroit où ils frottent l'un contre l'autre : il y a peut-être du cartilage blanc et lisse. Il aide les os à glisser l'un contre l'autre sans s'user.

Cherche les os de l'aile.

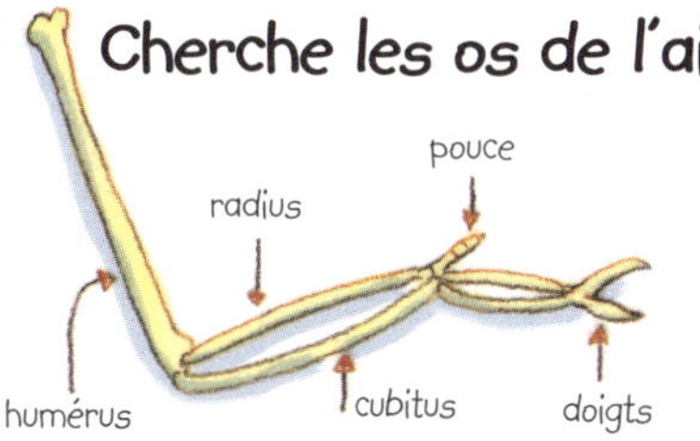

Dans ton bras, il y a aussi un humérus, un radius et un cubitus.

Cherche le bréchet.

C'est un gros os très important chez les oiseaux. Les muscles des ailes y sont attachés.

20 Tu as des poux ? Observe-les !

Si tu as attrapé des poux, c'est désagréable et il faut rapidement les éliminer. Mais puisque tu en as, profites-en pour les observer de plus près ! Tu comprendras peut-être pourquoi ils s'accrochent si bien dans les cheveux.

Il te faut

- un pou 
- une lente sur un cheveu

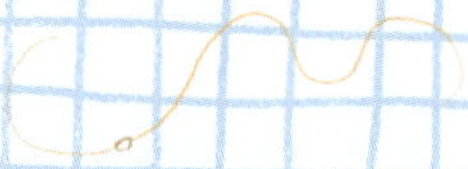

- une pellicule
- une bonne loupe

À toi de jouer !

Les poux sont minuscules. Mais en les observant à la loupe, tu peux voir des détails invisibles à l'œil nu. Observe :

- Combien les poux ont-ils de pattes : 4, 6 ou 1 000 ?

- Quelle différence y a-t-il entre une lente et une pellicule ?
La lente est un œuf de pou. Elle s'installe près du crâne et se fixe solidement au cheveu grâce à une espèce de colle. La pellicule, elle, est une petite peau qui se décolle si on souffle dessus.

Chaque animal a son pou.

Les chiens, les chats, les rats ou les hommes ont des poux. Mais tous ces poux sont différents. Le pou de l'oiseau est tout plat et glisse entre les plumes. Celui du cochon n'ira pas s'installer sur une vache, ni sur un homme.

Avec une loupe qui grossit énormément, tu pourrais très bien voir le pou !

Le pou a des pinces au bout de ses 6 pattes qui s'accrochent au cheveu.

21

Trouve ce qui fait flotter les poissons

La plupart des poissons ont un petit sac d'air dans le ventre. Ils gonflent ce sac d'air pour remonter vers la surface, et le vident pour descendre.

Demande à tes parents d'acheter un poisson entier non vidé. (Pas un poisson pané, ça ne marche pas !)

Avant de cuisiner, découpez délicatement le ventre du poisson. Vous allez trouver le petit sac sous la grosse arête. Il est comme un sac plastique translucide, cylindrique et arrondi au bout. On l'appelle la vessie natatoire.

22 Qui flotte, qui coule ?

Peut-être le sais-tu déjà ?
Eh bien ! Essaie de deviner et fais les expériences pour vérifier.

Il te faut :

• un carnet pour noter les résultats

• 3 étiquettes comme celles-ci :

Objets qui flotteront	Objets qui couleront	Je ne sais pas

• des objets à tester : 5 fruits, 5 objets de la salle de bain, 5 emballages...

• une cuvette d'eau assez profonde

À toi de jouer !

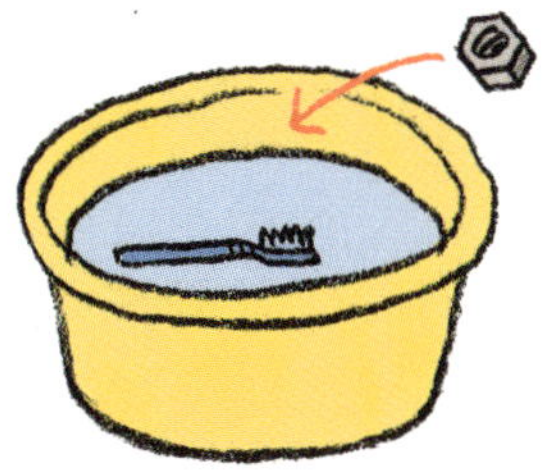

1 Ne mets pas tout de suite les objets dans l'eau !
Essaie d'abord de deviner quels objets vont couler ou flotter.
Classe-les en 3 tas, à côté de la cuvette.

2 Mets les objets dans l'eau.
Lesquels flottent ? Lesquels coulent ?
Avais-tu bien deviné ?

3 Note les résultats dans un tableau avec 3 colonnes : « flotte », « coule », « ça dépend ».

4 Il y a un peu de bazar ?
N'oublie pas de ranger quand tu as fini.

Demande à un adulte
de faire l'expérience
avec une collection difficile :
ce sera sûrement amusant !

Tu peux aussi créer
d'autres collections à tester :
les objets de la cuisine,
les jouets, les petits trésors...

Mais vérifie toujours
que ces objets ne craignent
pas l'eau.

Les astuces de Kataflop

Pour être sûr qu'un objet flotte,
Kataflop le met dans l'eau plusieurs fois.

23 Fais flotter Mimi la patate

Es-tu capable de faire flotter une énorme pomme de terre ?

Il te faut :

- la plus grosse pomme de terre que tu peux trouver

- 6 bouchons de liège et 6 cure-dents

- une cuvette d'eau assez profonde

À toi de jouer !

1 Mets ta pomme de terre dans l'eau pour vérifier qu'elle coule.

Transforme-la en Mimi, la patate flotteuse !

2 Avec les cure-dents, pique les bouchons. Puis plante-les dans la pomme de terre pour faire comme des pattes, des yeux, une queue. Tu peux ensuite lui dessiner une drôle de tête !

3 Mets Mimi dans l'eau : est-ce qu'elle flotte ? Regarde ce qui se passe si tu changes les bouchons de place. Puis essaie de faire flotter Mimi avec 2 bouchons seulement.

24

Crée une tempête dans un bocal

Fabrique des vagues et fais naviguer
de drôles de bateaux dans la tempête.

Il te faut :

• un bocal transparent avec un bouchon bien étanche

• de l'huile

• du sirop de menthe, ou un autre sirop coloré

• des petits objets pour faire des bateaux : bouchon de liège, capsule, base de bougie d'anniversaire…

À toi de jouer !

1 Remplis le bocal à moitié avec de l'eau. Ajoute un peu de sirop pour obtenir une belle couleur.

2 Ajoute les petits objets qui seront tes bateaux.

3 Verse délicatement de l'huile pour finir de remplir le bocal. Attention, l'huile ça glisse ! Ferme bien le bocal.

4 Agite le bocal pour voir comment tes bateaux flottent ou coulent dans les vagues.

25

Fais nager des épingles

Essaie de faire flotter des épingles en métal.

Il te faut :

• 3 épingles

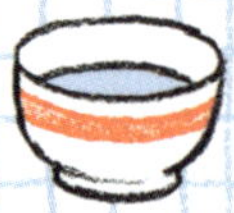

• un bol rempli d'eau

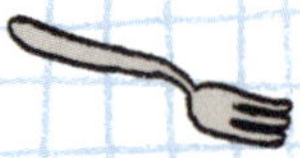

• une fourchette

• une loupe, si tu en as une

À toi de jouer !

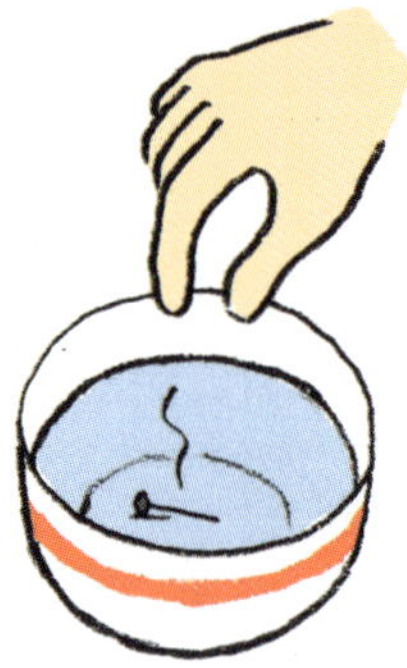

1 Prends une épingle et pose-la sur l'eau. Lâche-la pour voir si elle flotte.

2 Avec une fourchette, pose délicatement une épingle sur l'eau. Retire doucement la fourchette : l'épingle nage sur l'eau !

3 Avec ta loupe, observe l'épingle. Vois-tu un coussin d'eau autour d'elle ? Elle ne coule pas parce que l'eau forme une sorte de peau souple et résistante à sa surface.

Le jeu des épingles nageuses

Tu t'es entraîné à faire flotter des épingles ? Alors, organise le jeu des épingles nageuses : Qui réussira le premier à faire flotter 5 épingles ?

• Chacun choisit son matériel de compétition : un bol d'eau, une fourchette, 5 épingles.

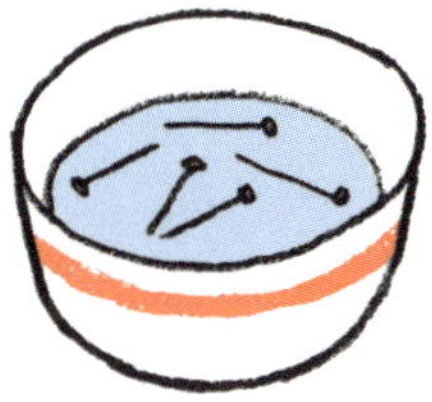

• Le premier qui réussit à faire flotter 5 épingles a gagné.

Si tu essayais autrement ?

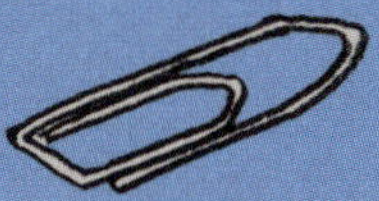

Tu peux remplacer les épingles par des petits trombones. Ça pique moins et ça marche aussi très bien.

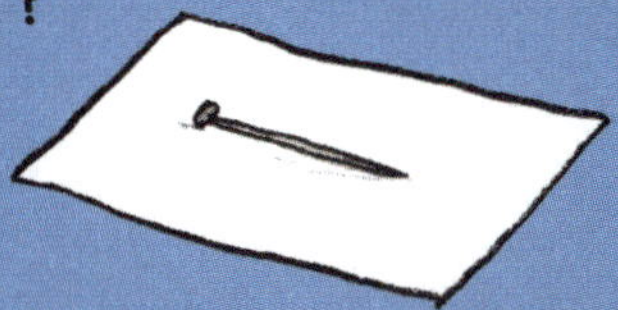

Tu peux aussi utiliser un morceau de mouchoir en papier. Pose le mouchoir sur l'eau et mets rapidement l'épingle dessus. Le mouchoir coulera quand il sera mouillé, mais l'épingle restera à la surface.

26 Charge des bateaux

Qui mettra le plus de passagers dans son bateau sans le faire couler ?

Il te faut :

• un verre par personne (tous les verres doivent être identiques)

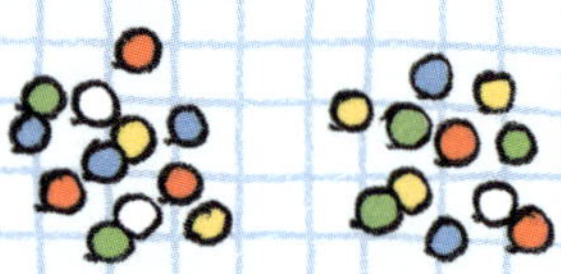

• des billes (au moins une dizaine par personne)

• une bassine d'eau pour faire la mer

À toi de jouer !

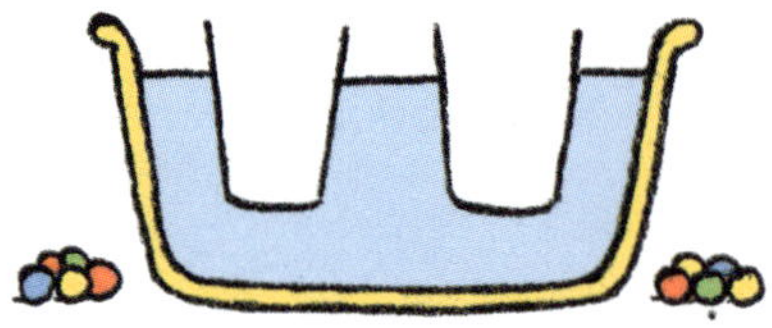

Mets les verres sur l'eau : ce sont les bateaux.

Chacun pose les billes une à une dans son verre : ce sont les passagers.

Cherche comment mettre le plus possible de passagers dans ton bateau sans le faire couler.

27

Fais flotter des billes

Réussiras-tu à faire flotter 3 billes
et de la pâte à modeler ?

Il te faut :

• un morceau de pâte à modeler d'environ 4 cm de long

• 3 jolies billes

• un bol rempli d'eau

À toi de jouer !

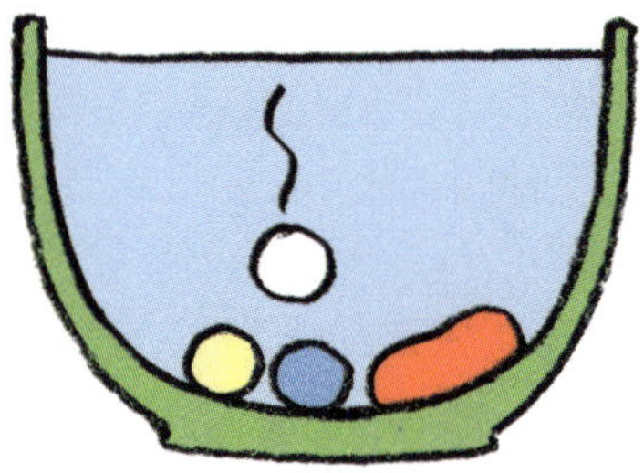

Mets 3 billes et le morceau de pâte à modeler sur l'eau : ils coulent ?

Recommence pour vérifier : ils coulent toujours ? Pourtant, il est possible de les faire flotter !

Comment ? Cherche des idées !
Si tu ne trouves pas, regarde en bas de la page.

Le secret

Avec la pâte à modeler, fabrique un petit bateau. Plus il est profond, mieux il flottera.

Attention : s'il y a un trou, bouche- le bien. Sinon ton bateau coulera.

Pose le bateau sur l'eau. S'il flotte bien, mets délicatement les billes dedans.

Sinon, continue à le modeler : il doit avoir un fond épais, et des bords hauts et fins.

28 Fabrique des icebergs

Fais naviguer des petits bateaux parmi les icebergs et la banquise.

Il te faut :

• une grande barquette en plastique souple (un Tupperware®, par exemple)

• du papier aluminium

• une grande bassine remplie d'eau froide

• un pichet d'eau chaude (mais pas brûlante)

• une paille

À toi de jouer !

La veille, prépare de la glace.

1 Mets de l'eau dans la barquette en plastique : ne remplis pas à ras bord et ne mets pas de couvercle.
Place-la au congélateur et attends une nuit : l'eau se transformera en glace.

2 Avec le papier aluminium, modèle de petits bateaux.
pose-les sur l'eau pour vérifier qu'ils flottent.

3 Démoule la glace. Si c'est difficile, fais couler un peu d'eau chaude sur le fond du moule. Mets le bloc de glace dans la bassine d'eau.

4 Verse tout doucement l'eau chaude au milieu de la glace, toujours au même endroit : cela va percer un trou. Sens-le avec ton doigt. Recommence ailleurs pour obtenir des tunnels, des icebergs, des falaises…

5 Mets les bateaux sur l'eau et souffle dans ta paille pour faire du vent. Attention : les bateaux ne doivent pas toucher la glace cachée sous l'eau.

L'histoire vraie du naufrage du Titanic

Le Titanic était un paquebot moderne et solide. Pourtant, il a coulé lors de son premier voyage. Que s'est-il passé ?

Le bateau s'est approché d'un iceberg. Quand les marins l'ont vu, il était trop tard. La glace dure et coupante a déchiré la coque en métal.

Les icebergs sont très dangereux parce qu'ils sont presque entièrement cachés sous l'eau.

29

Crée un nuage

Sais-tu qu'il y a de l'eau dans un nuage ?
Grâce à cette expérience, tu verras comment est fait un nuage et tu pourras même faire tomber de la pluie !

Il te faut :

- une pièce où tu peux faire le noir

- un saladier transparent

- une assiette assez grande pour servir de couvercle au saladier

- de l'eau chaude

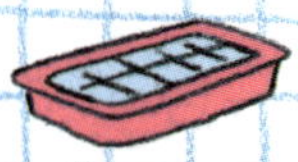

- des glaçons

- une lampe de poche

- un adulte

À toi de jouer !

1 Remplis l'assiette avec des glaçons.
Demande à un adulte de verser de l'eau du robinet très chaude dans le saladier (pas plus de la moitié).

2 Sur le saladier, pose l'assiette remplie de glaçons de manière à ce qu'elle le couvre bien.
Fais le noir dans la pièce. Allume ta lampe de poche et éclaire l'espace entre les glaçons et l'eau chaude.

Avec ta loupe, tu peux observer les toutes petites gouttes sur les parois du saladier.

3 Après quelques minutes, soulève l'assiette.
Vois-tu une sorte de nuage apparaître ?

4 Repose l'assiette sur le saladier. Au bout de 15 minutes environ, tu verras des gouttes d'eau se former sous l'assiette et retomber dans le saladier : il pleut !

Dans le ciel, l'eau est partout… même quand on ne la voit pas.

30 Est-ce que ton corps flotte ?

Ton corps peut flotter ou couler dans l'eau.
Cela dépend de beaucoup de choses.

Si tu es une femme...
tu flottes mieux qu'un homme.

Si tu es maigre...
tu flottes moins bien qu'une personne grosse.

Si tu es dans la mer...
tu flottes mieux que dans une piscine ou dans un lac.
Tu flottes mieux dans l'eau salée.

Avant de naître, je flottais dans le ventre de ma maman. Il paraît que j'étais le roi des galipettes !

31

Teste de curieux mélanges

Pour faire de la chimie ou des potions magiques,
c'est très utile de savoir comment les produits réagissent ensemble.
Fais ces expériences pour explorer ce qui se passe.

Il te faut :

- les fiches d'expériences (p. 125-126)
- un crayon
- du sucre en morceaux
- du sucre en poudre
- du gros sel
- du sel fin
- de la farine
- un œuf
- de l'eau
- une boisson gazeuse
- 5 bols
- un filtre à café
- des feutres à l'eau
- une fourchette
- 2 cuillères
- du sable
- une assiette
- 4 verres
- du shampoing

À toi de jouer !

1. Choisis une fiche d'expérience.
2. Teste les produits.
3. Note les résultats avec un crayon.

1 Expérience des disparitions

Peux-tu faire disparaître
ces 4 produits dans l'eau ?

Fais l'expérience pour vérifier.

2 Expérience des mousses

Peux-tu fabriquer de la mousse
avec ces produits ?

Fais l'expérience pour vérifier.

3 Expérience des couleurs cachées

Peux-tu faire apparaître des couleurs
cachées dans des feutres ?

Fais l'expérience pour vérifier.

4 Expérience de la pâte à sculpter

Peux-tu préparer une bonne pâte à sculpter
en mélangeant 2 poudres et de l'eau ?

Fais l'expérience pour trouver
les bonnes proportions.

32

Concocte une bonne pâte DÉGOULIFILANTE

Prépare un mélange bizarre qui coule et qui casse.
Tu pourras l'utiliser pour fabriquer des doigts de sorcière, une saucisse dégoulinante, ou même des sables mouvants.

Il te faut :

- 100 g de farine de maïs (Maïzena)
- de l'eau
- une cuillère à soupe
- un bol
- un tablier
- une petite figurine ou un caillou

À toi de jouer !

1 Mets ton tablier, relève tes manches et prépare la pâte :

- Verse 5 cuillères bien pleines de farine de maïs dans le bol.
- Verse ensuite 5 cuillères d'eau. Mélange avec la cuillère. La pâte doit être à la fois liquide comme du yaourt et un peu difficile à mélanger.
- Si tu vois encore de la farine, ajoute un peu d'eau. Si elle est liquide et facile à remuer, ajoute un peu de farine.

2 Ta pâte est liquide et cassante à la fois ? Elle est prête. Comme Doula, plonge une main dans le bol et invente des jeux.

Les inventions de Doula

Les doigts de sorcière

Plonge les doigts dans la pâte, et retire-les doucement pour fabriquer des fils géants au bout de chaque doigt.

La saucisse magique

Roule, serre, presse de la pâte entre les mains pour former une saucisse bien dure. Empêche-la de dégouliner.

Les sables mouvants

Pose une petite figurine ou un caillou sur la pâte pour voir s'ils s'enfoncent. Essaie de les ressortir.

Le secret des sables mouvants

C'est un mélange de sable, d'argile et d'eau.

Si on n'appuie pas, les grains flottent dans l'eau.

Si on appuie avec le pied, les grains tombent et on s'enfonce.

Le secret de la pâte DÉGOULIFILANTE

Si tu l'observais avec une loupe très puissante, voilà ce que tu découvrirais :

Si on n'appuie pas sur la pâte : Elle est liquide parce que les minuscules grains de farine flottent dans l'eau.

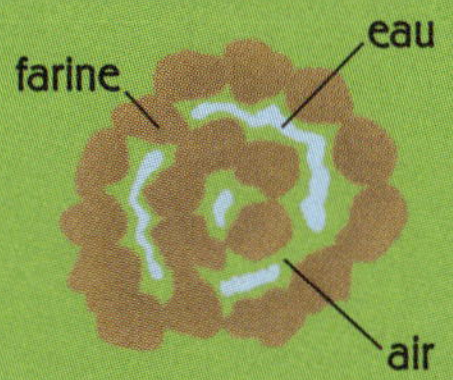

Si on appuie sur la pâte : Elle devient dure parce que les grains de farine se pressent les uns contre les autres. La pâte grossit un peu parce que l'eau et l'air sont prisonniers dans les petits creux entre les grains.

33 Prépare un terrible bouillon BULLO-SPLASHEUR

Mélange des produits qui vont réagir fort : attention, tu vas peut-être être surpris !

Il te faut :

- un petit bocal transparent (pot de confiture, par exemple)
- du vinaigre blanc
- de l'eau
- du bicarbonate de soude qu'on trouve au supermarché
- une cuillère à café
- une assiette creuse

À toi de jouer !

1 Pose le bocal dans l'assiette. Verse de l'eau pour le remplir à moitié.

2 Ajoute du vinaigre pour le remplir complètement.

3 Prêt ? Verse une bonne cuillère à café de bicarbonate de soude dans le bocal.

Ça mousse, ça éclabousse, et ça déborde !

Le vinaigre et le bicarbonate réagissent très fort quand tu les mets en contact. Ils fabriquent plein de gaz carbonique qui veut s'échapper dans l'air.

Fabrique un volcan !
Si tu ajoutes du colorant rouge, ce sera plus impressionnant.

34

Fais tournicoter des raisins BULLO-PLONGEURS

Il te reste du bouillon BULLO-SPLASHEUR ? Fais danser des raisins secs.

Il te faut :

- le bocal de bouillon BULLO-SPLASHEUR

- 5 à 10 raisins secs

À toi de jouer !

Fais tomber quelques raisins dans le bouillon. Regarde-les tournicoter, monter, descendre, remonter, redescendre…

Qu'est-ce qui se passe si on plonge des lentilles ? Des pâtes ? Si tu ajoutes du bicarbonate ? Est-ce que ça continue le lendemain ? **À toi d'essayer !**

Le secret des raisins danseurs

Quand un raisin est au fond, il s'entoure de bulles, comme s'il avait plein de petites bouées. Il devient plus léger, et il remonte.

Quand il arrive à la surface, les bulles du dessus s'échappent dans l'air. Le raisin est plus lourd, il retombe. Et ça recommence...

35

Transforme des glaçons en perles de couleur

Si tu jettes des glaçons dans l'huile, est-ce qu'ils vont fondre ? Fais l'expérience pour découvrir ce qui se passe d'étonnant.

Il te faut :

- un petit bocal transparent bien rincé
- de l'huile
- des glaçons
- quelques gouttes d'encres ou de colorants alimentaires

À toi de jouer !

1 Verse 5 cm d'huile dans le bocal.

2 Lâche 2 ou 3 glaçons sur l'huile. Sur chacun, pose délicatement une goutte de couleur différente.

3 Installe-toi confortablement pour observer le spectacle.

36

Crée un mélange impossible : le GRAISSAQUEUX

Si tu as pu transformer des glaçons en perles de couleur, c'est parce que l'huile et l'eau détestent se mélanger. Trouve la meilleure tactique pour les obliger à rester ensemble, et fabrique un bon bocal de GRAISSAQUEUX.

Il te faut :

- 3 verres ou 3 petits bocaux
- 3 petites cuillères
- de l'eau
- de l'huile
- du liquide vaisselle
- de la moutarde

À toi de jouer !

1 Remplis à moitié les 3 verres avec de l'eau. Verse une cuillère d'huile dans chaque verre. Regarde si l'huile disparaît dans l'eau.

2 Quelle est la meilleure tactique pour obliger l'huile et l'eau à se mélanger ? Teste chacune dans un verre différent.

Tactique 1
Ajouter une cuillère de moutarde, et mélanger en comptant jusqu'à 20.

Tactique 2
Mélanger l'huile et l'eau en comptant jusqu'à 20.

Tactique 3
Ajouter une cuillère de liquide vaisselle et mélanger en comptant jusqu'à 20.

Réponse : tactiques 1 et 3.
La moutarde et le liquide vaisselle sont capables de s'accrocher entre l'eau et le gras.

Dans la vinaigrette, l'huile et le vinaigre se mélangent grâce à la moutarde.

Le savon s'accroche entre la saleté grasse et l'eau. Quand l'eau s'en va, la saleté part aussi.

37 Crée des fleurs d'artifice dans du lait

Transforme du lait tout blanc et tout calme en tourbillons de couleurs.

Il te faut :

- du lait (de préférence du lait entier)
- de l'huile
- du liquide vaisselle
- des colorants alimentaires ou des encres à l'eau
- une assiette unie

À toi de jouer !

1 Verse du lait pour recouvrir le fond de l'assiette.

2 Pose délicatement 2 ou 3 gouttes de couleurs différentes, et une grosse goutte d'huile.

3 Fais tomber une goutte de savon dans l'assiette. La tempête démarre !

Que se passe-t-il si on ajoute des gouttes d'huile, de couleurs ou autre chose ? À toi d'essayer !

Pourquoi le savon peut-il déclencher des tempêtes ?

Dans l'assiette, s'il y a :
- du lait,
- des colorants,
- et de l'huile,

ça signifie qu'il y a de l'eau et du gras.

Or, l'eau et le gras détestent se mélanger.
Mais si tu ajoutes du savon, il se glisse entre l'eau et le gras, il les accroche ensemble, et ça provoque des mouvements.

Ce n'est pas tout : à la surface du lait, il y a une sorte de « peau » souple et résistante.
Le savon s'étale à la surface et il « casse » cette peau.

38

Parcours le labyrinthe des pieds agiles

Sauras-tu suivre un chemin tactile sans que tes deux pieds en sortent ?

Il te faut :

- des feuilles de journal
- un coussin
- un foulard pour bander les yeux
- un copain

À toi de jouer !

1. Demande à un ami de préparer le chemin en déposant des feuilles de journal un peu froissées les unes à côté des autres. Au bout, il pose un coussin douillet. Ne regarde pas !

2. Mets-toi pieds nus et attache un bandeau sur tes yeux.

3 Demande à ton ami de te conduire au début du chemin. Essaie d'arriver sur le coussin sans que tes deux pieds sortent du chemin.

39

Fabrique une boîte à toucher

Prépare une boîte avec laquelle on reconnaît des objets du bout des doigts. Demande à un ami de deviner !

Il te faut :

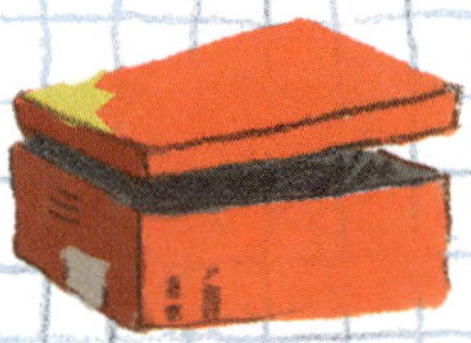

- une boîte en carton avec un couvercle (par exemple une grande boîte à chaussures)

- une paire de ciseaux ou un cutter

- des petits objets à deviner, ni dangereux, ni fragiles

- un copain ou une copine

À toi de jouer !

1 Fabrique la boîte. Avec un adulte, perce 2 trous d'environ 8 cm de diamètre pour les mains. Glisse un objet à l'intérieur sans que ton amie le voie.

2 Demande à ton amie de reconnaître l'objet en le touchant. Vérifiez en soulevant le couvercle. Essayez chacun à votre tour avec les différents objets.

40 Écris un message invisible dans le dos

Avec ton doigt, trace un message sur le dos d'un ami, et demande-lui de dire ce que tu as écrit.

Il te faut :

- le dos d'un copain ou d'une copine (C'est mieux s'il n'a pas un pull-over.)
- ton doigt

À toi de jouer !

1 Choisis un mot dans ta tête, sans le dire à ton amie (par exemple, son prénom).

2 Trace chaque lettre sur son dos avec ton index. Écris en majuscules, lentement. Est-ce qu'elle devine ce que tu as écrit ?

Comment peux-tu savoir qu'on dessine dans ton dos ?

Grâce à un incroyable costume qui recouvre tout ton corps, même quand tu es tout nu… ta peau ! Elle est pleine de millions de minuscules capteurs invisibles.

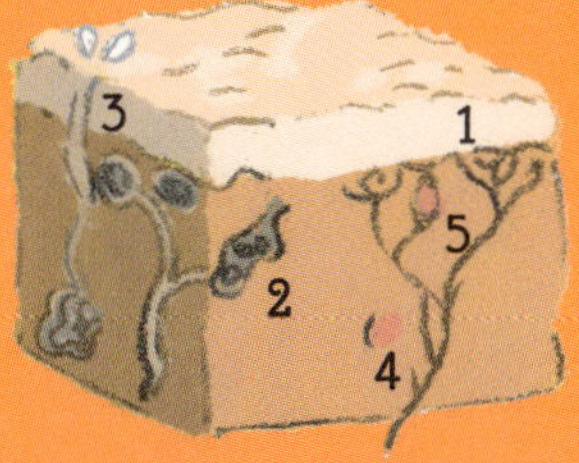

Dans la peau de ton doigt, il y a :

1. des capteurs de douleur
2. des capteurs de chaud
3. des capteurs de froid
4. des capteurs de pression (ce qui appuie)
5. des capteurs sensibles aux différents contacts

41 Fabrique des super chaussettes tacti-sonores

Tu as des vieilles chaussettes dépareillées ou trop petites ? Transforme-les en super chaussettes tacti-sonores.

Il te faut :

- au moins 6 vieilles chaussettes dépareillées (Si tu n'en as pas, tu peux les remplacer par des petits sacs en tissu.)

- des petits objets qui font du bruit (lentilles, billes, pâtes, riz, papier chiffonné…)

- un copain

À toi de jouer !

1 Choisis 2 chaussettes de couleurs différentes et glisse des billes à l'intérieur. Tripote-les pour tester leur bruit et leur toucher. Fabrique d'autres paires de super chaussettes très différentes à toucher et à entendre, avec les autres petits objets.

2 Mélange toutes tes super chaussettes. Demande à un ami de retrouver les paires. S'il est très fort, il peut essayer de deviner ce qu'il y a dedans, sans regarder bien sûr.

42

Tiens-tu en équilibre à cloche-pied ?

À ton avis, quelle est la meilleure tactique pour rester le plus longtemps en équilibre sur un pied ?

Il te faut :

- un coussin
- un foulard
- un adulte patient
- une montre

Tactique 1
les yeux bandés

Tactique 2
les yeux ouverts en regardant fixement un objet

Tactique 3
les yeux bandés, sur un gros coussin

Les danseurs ont une astuce pour garder l'équilibre.

Quand ils doivent faire plusieurs pirouettes, ils fixent du regard le même objet à chaque tour.

À toi de jouer !

Essaie d'abord de deviner en regardant les dessins. Ensuite, fais l'expérience : installe-toi dans un endroit dégagé, sur un sol dur. Mets-toi pieds nus. Demande à un adulte de te chronométrer pendant que tu testes les 3 tactiques.

As-tu trouvé quelle est la meilleure ?
Si tu hésites, refais l'expérience plusieurs fois.

Réponse : tactique 2

Qui travaille dans ton corps pour que tu ne tombes pas ?

Tes yeux, la peau sous ton pied, tes muscles, et la partie de tes oreilles qui s'occupe de l'équilibre.

Chacun envoie des informations à ton cerveau sur la position de ton corps. Si tu bascules, ton cerveau donne des ordres à chaque muscle pour rectifier ta position.

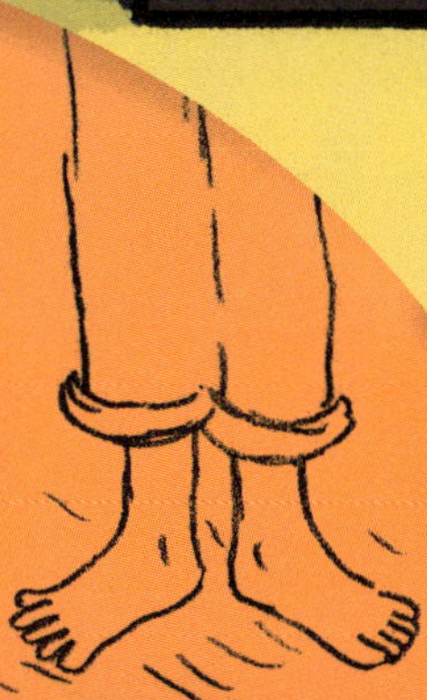

43

Bizarre, bizarre… Tes yeux peuvent-ils te tromper ?

Observe bien ces images un peu étranges.
Dois-tu toujours croire ce que tu vois ?

Tu vois un sapin ? Est-il dessiné sur la page, ou est-ce ton imagination ?

Tu vois des points gris qui bougent ? Sont-ils vraiment dessinés ?

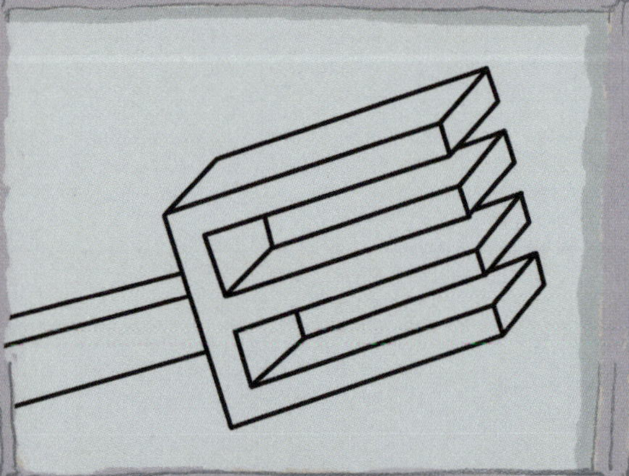

Combien de dents a cette fourchette ? 3 ou 4 ?

Tu vois la tête de Baba la jeune ? Tourne le livre pour la voir se transformer en sorcière.

Le croissant 1 a l'air plus petit que le 2 ?
Pourtant, ils sont exactement de la même taille.
Tu peux vérifier en mesurant.

Ces images sont des illusions d'optique.

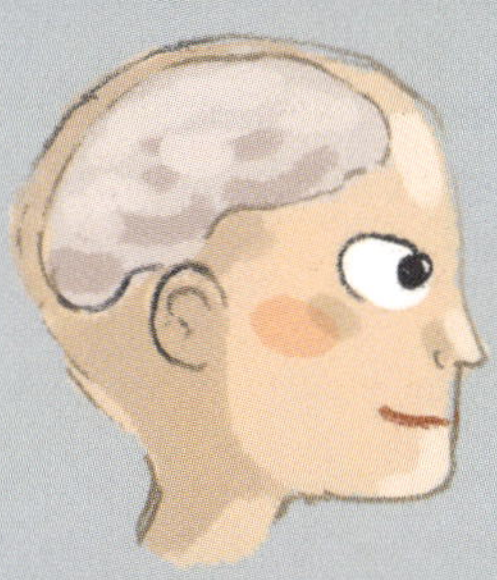

Elles ont été dessinées spécialement pour tromper le cerveau. Les illusions marchent mieux avec les grandes personnes : leur cerveau est tellement habitué à interpréter qu'il se fait plus facilement tromper que celui des enfants.

Sur quelle marche le personnage doit-il s'arrêter pour être tout en haut de l'escalier ?

La tête de mon papa devient minuscule !

Un jour, quand ton papa sera assis en face de toi, mesure sa tête entre tes doigts : elle est grosse comme une noix ! Pourtant, tu sais bien qu'il n'a pas rétréci en 5 secondes…

Ton papa a-t-il vraiment rétréci ?

Non. Ton cerveau a compris que ton papa a l'air petit parce qu'il est loin de toi. Pas besoin de s'inquiéter.

Depuis ta naissance, ton cerveau apprend à décoder ce que tes yeux voient. En général, ça marche très bien. Mais on peut jouer à le tromper… avec des illusions d'optique par exemple !

44

Remplis un verre les yeux fermés

Peux-tu remplir un verre d'eau à ras-bord, les yeux bandés ? Sans faire déborder une seule goutte d'eau, bien sûr…

Il te faut :

• un verre en plastique

• une petite bouteille d'eau

• un plateau contre les éclaboussures

• un foulard pour bander les yeux

À toi de jouer !

1 Pose le verre vide sur le plateau. Attache le foulard pour faire comme si tu étais aveugle.

2 Verse doucement l'eau dans le verre. Arrête-toi quand tu penses qu'il est plein.

Tilou peut t'aider !

Tilou, qui est aveugle, connaît de bonnes astuces pour remplir son verre, et faire toutes sortes de choses.

Tilou fait du vélo sur un tandem.

Tilou fait du ski avec un guide qui lui crie quand il doit tourner.

Tilou pose le doigt sur sa brosse à dent pour mettre du dentifrice juste comme il aime. Essaie !

45

Avance à reculons !

Réussiras-tu à faire un parcours à l'envers, en te guidant avec un miroir ? Si tu proposes à des grandes personnes d'essayer, cela peut être drôle...

Il te faut :

• un miroir

• 2 ficelles d'environ 3 mètres chacune

• un mouchoir ou une plume

À toi de jouer !

1 Installe le parcours

Les ficelles doivent être posées sur le sol à 30 centimètres l'une de l'autre et faire un chemin avec des virages.

2 Prêt ?

Essaie d'avancer à reculons, en regardant tes pieds seulement dans le miroir. Au bout du chemin, attrape le mouchoir ou la plume.

Attention : il ne faut pas toucher les ficelles !

Si tu touches la ficelle, recommences !

46

Qu'est-ce qui roule le mieux ?

Quels objets réussiront à franchir le circuit de tests en roulant ? Fabrique le circuit et fais l'expérience !

Il te faut :

Pour le circuit de tests :

- 6 feuilles de papier bristol

- du ruban adhésif

- 4 briquettes de boisson pleines

- un couvercle (de boîte de camembert, par exemple)

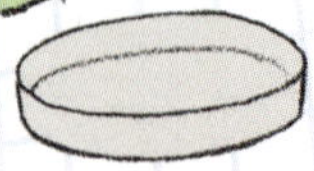

Pour les 9 objets à tester :

- une bille

- une noix

- un dé

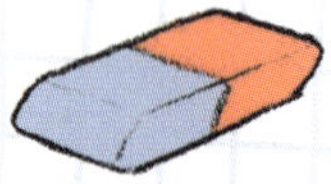

- une gomme

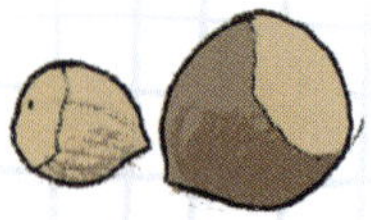

- une noisette ou un marron

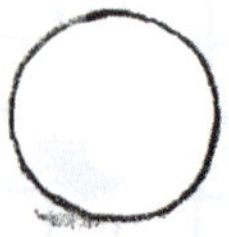

- une balle de ping-pong

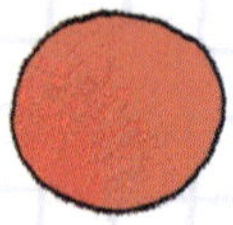

- une boulette en pâte à modeler très-très-très ronde

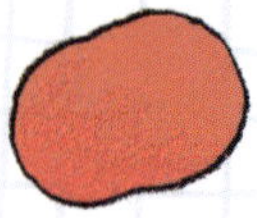

- une boulette en pâte à modeler un peu cabossée

- une boulette en pâte à modeler aplatie

Secrets pour rouler sur une pente

Plus un objet est rond, mieux il roule.

La bille roule mieux que la noisette parce qu'elle est ronde.
La noisette a une forme irrégulière. Elle se cogne, et finit par s'arrêter.
Un tube roule bien quand il est à l'horizontale. Mais dans l'autre sens, il glisse ou il ne bouge pas.

Plus le point de départ est haut, plus l'objet aura d'énergie.

Si tu surélèves le point de départ, l'objet que tu lâches ira plus loin.

Plus un objet est lourd, plus il a d'énergie.

Un objet lourd est difficile à déplacer quand il est immobile. Mais une fois qu'il est en mouvement, c'est très dur de l'arrêter. Il peut même renverser d'autres objets sur son passage.

À toi de jouer !

Fabrique le circuit de tests

1 Plie les 2 côtés de chaque feuille pour faire des bordures.

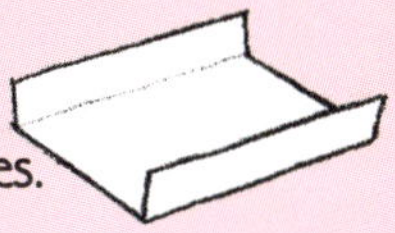

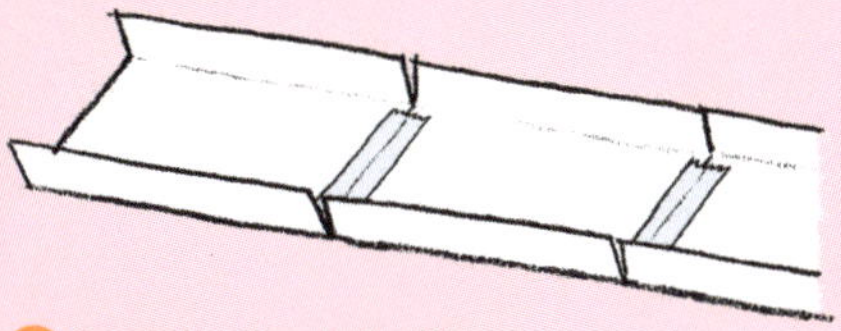

2 Scotche les 6 feuilles ensemble, par la partie centrale (pas par les bords).

3 Installe le circuit exactement comme sur ce dessin, en formant de petites collines.

Teste les 9 objets

4 Ne les fais pas rouler tout de suite ! Essaie d'abord de deviner lesquels réussiront à rouler jusqu'au couvercle si tu les lâches tout en haut du circuit.

Ça y est ?

5 Vérifie en posant les objets sur le circuit l'un après l'autre. Note tes résultats.

47 Construis de drôles de machines roulantes

Apprends à fabriquer un objet qui roule. Ensuite, tu pourras inventer des camions, des chiens-robots et toutes sortes de machines roulantes.

Il te faut :

Pour la première machine roulante :

- une briquette de boisson vide

- 2 pailles

- 2 bâtons de brochette

- 4 boulettes en papier (boulettes de cotillon) ou 4 bouchons de liège

- du ruban adhésif

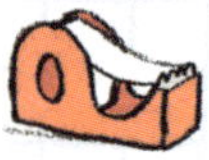

- une paire de ciseaux

À toi de jouer !

Transforme une briquette en machine roulante

1 Coupe les pailles de la largeur de la briquette. Avec l'aide d'un adulte, coupe les bâtons pour qu'ils soient plus longs que les pailles de 4 cm.

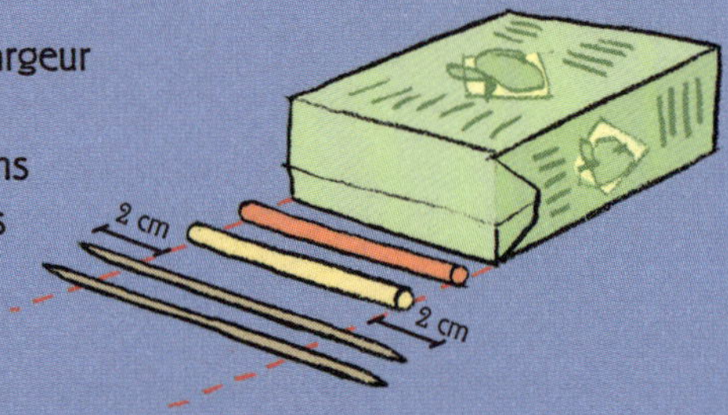

2 Scotche les pailles sur la boîte. Enfile un bâton dans chaque paille. Plante les boulettes de papier à chaque extrémité pour faire les roues.

3 Retourne la boîte. Essaie de la faire rouler.

Les machines roulantes de Miroulette

À quoi servent les pailles ?

Pour le savoir, essaie de construire une machine roulante sans paille. Elle roule mal ou pas du tout ? C'est normal : les bâtons frottent beaucoup contre la boîte.

48

Franchis un pont avaleur de billes

Réussiras-tu à faire rouler une bille sur le pont entre deux chaises, sans qu'elle ne tombe dans le trou ?

Il te faut :

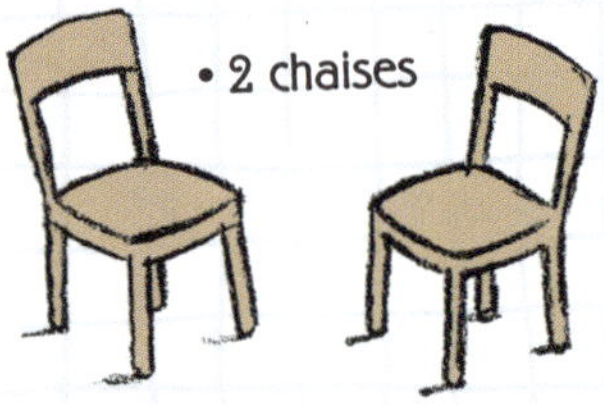

• 2 chaises

• une feuille de papier

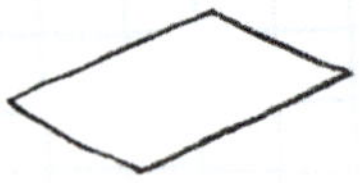

• du ruban adhésif

• une paire de ciseaux

• une bille

• une corbeille à papier

À toi de jouer !

Fabrique le pont avaleur

1 Découpe un trou au centre de la feuille de papier. Plie deux bords pour faire les barrières.

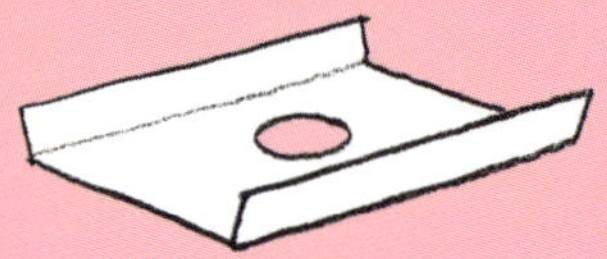

2 Scotche le pont entre les 2 chaises. Pose la corbeille à papier sous le trou.

3 La bille pourra-t-elle franchir le pont sans tomber dans le trou ? Penche tout doucement la chaise pour faire rouler la bille. Réussiras-tu à la faire passer de l'autre côté ?

49

Démolis un mur

Que pourrais-tu mettre dans une petite bouteille pour qu'elle soit capable de renverser un mur de 6 briques en roulant ?

Il te faut :

- une bouteille vide de 50 cL en plastique

- 6 briquettes de boisson pleines

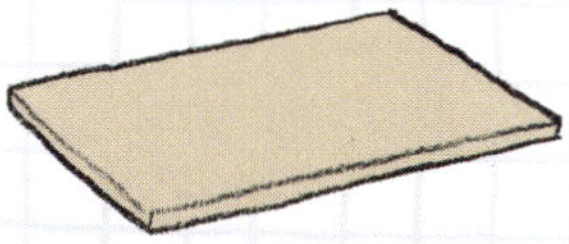

- une planche en bois ou en carton de 30 sur 60 cm

- ce que tu pourrais mettre dans la bouteille

À toi de jouer !

Prépare la pente et le mur

1 Pose un côté de la planche sur la dernière marche d'un escalier ou sur une pile de livres.
Empile les briquettes en bas de la planche pour construire un mur.

2 Essaie de démolir le mur en lâchant la bouteille vide sur la planche. Attention : il ne faut ni la lancer, ni lui donner de l'élan, mais juste la lâcher en haut de la pente.

Ça ne marche pas ? Essaie de trouver un moyen pour donner plus d'énergie à la bouteille avant de regarder la réponse !

Le secret de la bouteille

Si tu la remplis avec de l'eau, du sable ou des cailloux, elle démolira le mur facilement. Plus elle sera lourde, plus elle aura d'énergie pour renverser le mur de briques.

50 Fabrique une boîte désobéissante

Si tu lâches une boîte ronde sur une pente, elle roulera vers le bas… sauf si tu l'as transformée en boîte désobéissante.
Cette boîte est parfaite pour réaliser un tour de magie.

Il te faut :

- un couvercle léger d'environ 10 cm (couvercle de chocolat à tartiner ou boîte de camembert, par exemple)

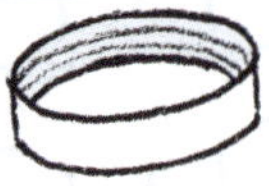

- 2 billes

- du ruban adhésif

- un livre de poche de 2 cm d'épaisseur

- une bande dessinée

À toi de jouer !

Préparation secrète

1 Scotche les billes à l'intérieur du couvercle.

2 Installe le livre en pente douce. Pose la boîte sur le livre au milieu de la pente, billes en haut, et lâche-la. Entraîne-toi à la faire rouler vers le haut. Parfois, ça ne marche pas ? Observe où se trouvent les billes.

Le tour de magie

Tu t'es bien entraîné ?
Fais le tour de magie à tes parents et tes amis.

Le secret du magicien

C'est le poids des billes qui entraîne la boîte et peut la faire rouler vers le haut. La boîte s'arrêtera de rouler quand les billes seront en bas.

Pour que la boîte roule vers le haut, il faut absolument :
- que la boîte soit légère,
- que les billes soient placées en haut, vers la pente montante,
- que la pente soit faible.

51

Dirige un ballon acrobate

Fais rouler un ballon acrobate en le guidant avec deux ficelles.
Réussiras-tu à le faire tomber dans le seau ?

Il te faut :

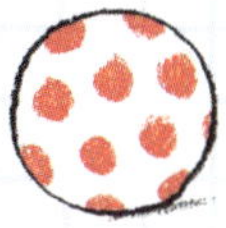

• un gros ballon léger

• 2 ficelles d'environ 1,50 m

• des livres ou une personne patiente qui a envie de s'asseoir

• un seau

• une chaise

À toi de jouer !

1 Attache les ficelles à la chaise. Place le seau près de la chaise.

2 Prêt ? Tends les ficelles. Demande à quelqu'un de poser le ballon en équilibre dessus. Fais-le rouler doucement pour qu'il tombe dans le seau.

52

Fais rouler des gouttes arc-en-ciel

Fabrique une grosse goutte d'eau qui attrape toutes les couleurs sur son passage.

Il te faut :

- un peu d'eau

- un crayon

- une paire de ciseaux

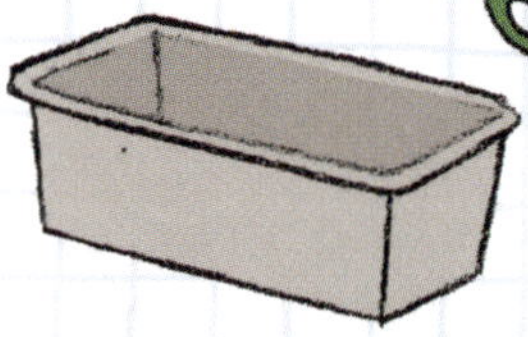

- un moule à gâteau (ou une assiette creuse)

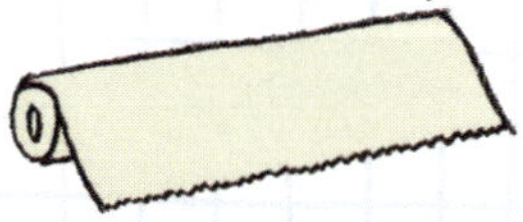

- du papier sulfurisé

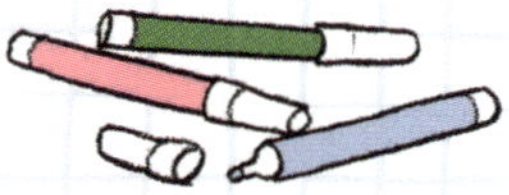

- des feutres à l'eau

- 2 pinces à linge

À toi de jouer !

Prépare un pont

1 Découpe une bande de papier sulfurisé de 3 cm de large.

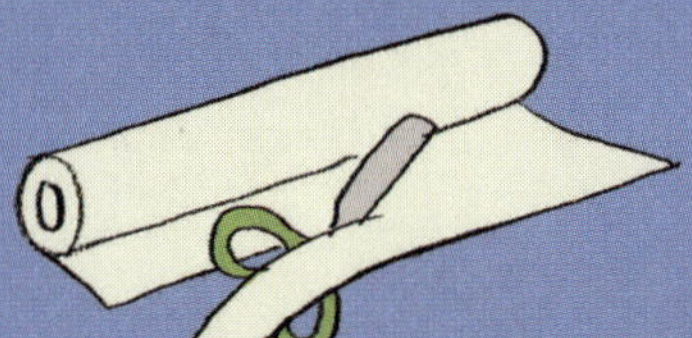

2 Avec les feutres, dessine un carré, puis une ligne de points de toutes les couleurs.

3 Fixe le papier sur le moule à gâteau avec les pinces à linge.

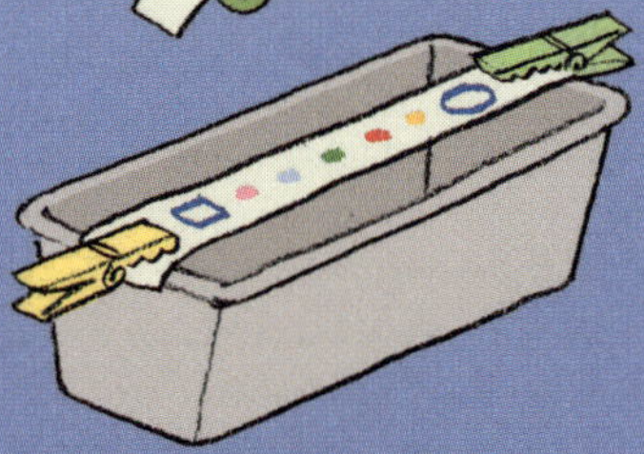

Fabrique une grosse goutte d'eau

4 Plonge le crayon dans l'eau pour attraper une petite goutte. Pose-la délicatement dans le carré.

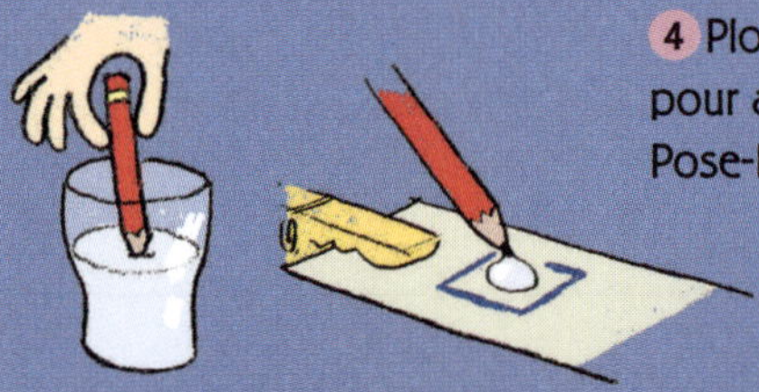

5 Recommence 3 ou 4 fois, jusqu'à ce que tu aies fabriqué une grosse goutte.

Attrape les couleurs !

5 Penche doucement le pont pour faire couler la goutte. Elle doit traverser le pont sans tomber, en attrapant les couleurs sur son passage. Regarde de près : est-ce qu'elle roule ou est-ce qu'elle glisse ?

Les gouttes roulent-elles ou glissent-elles ?

Des chercheurs étudient les gouttes très sérieusement pour comprendre comment elles bougent. Ils n'ont pas encore percé tous les mystères de l'eau. Mais pour cette expérience, on peut déjà répondre : les deux à la fois.

53 Défie l'ombre de ton corps

Tu connais bien l'ombre de ton corps ? En faisant les expériences, seul ou à plusieurs, tu pourras lui lancer des défis étonnants. Mais attention : ce n'est pas évident de gagner contre son ombre !

Il te faut :

• une lampe sans abat-jour avec une ampoule puissante

• un copain et un adulte

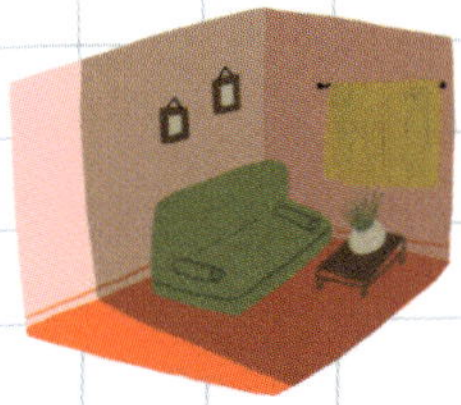

• un mur clair et vide dans une pièce où tu peux facilement faire l'obscurité

À toi de jouer !

1 Demande à tes parents d'installer la lampe sur un meuble pour qu'elle soit à la même hauteur que ton corps.

2 Ferme les volets ou tire les rideaux pour qu'il fasse sombre. Demande à tes parents d'allumer la lampe et n'y touche pas.

3 Essaie maintenant de faire une belle ombre de ton corps tout entier sur le mur.

Plus tu es loin de la lampe et proche du mur, plus ton ombre sera nette.

Tu as réussi à voir l'ombre de ton corps ? Maintenant, peux-tu :

1 Attraper l'ombre de ta main droite avec ta main gauche ?

2 Avoir une ombre plus large que toi ?

3 Danser plus vite que ton ombre ?

4 Faire disparaître ton ombre ?

5 Détacher tes deux pieds de leur ombre sur le sol.

6 Avoir une ombre courbée alors que ton corps reste droit ?

7 Chatouiller l'ombre d'un copain sans le faire rire ?

8 Confondre ton ombre avec celle de ton copain ?

Réponses

1. Oui, mets la main gauche entre la lampe et la main droite, ou attrape ta main droite avec ta main gauche.
2. Oui, approche-toi de la lampe.
3. Impossible ! L'ombre bouge toujours en même temps que le corps, car ce n'est que son image.
4. Oui, éteins la lumière. Sans lumière, il n'y a pas d'ombre.
5. Oui, saute ou assois-toi en levant les pieds.
6. Oui, place-toi de façon à ce que ton ombre soit à la fois sur le sol et sur le mur.
7. Oui, touche l'ombre de ton copain avec l'ombre de ton doigt, à un endroit chatouilleux.
8. Oui, place-toi entre la lampe et ton copain, ou entre lui et le mur.

54

Deviens metteur en scène au festival des ombres

As-tu déjà remarqué qu'un objet peut avoir deux ou même trois ombres à la fois ? Cela semble extraordinaire, mais c'est possible si cet objet est éclairé par plusieurs projecteurs, comme le sont les stars sur une scène !

Il te faut :

• un petit objet qui tient debout tout seul, avec une jolie ombre : ce sera la star du spectacle

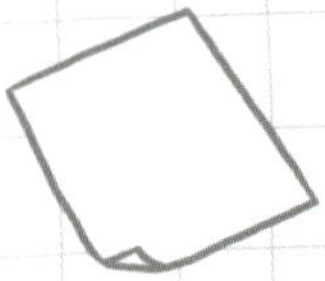

• une grande feuille de papier blanc

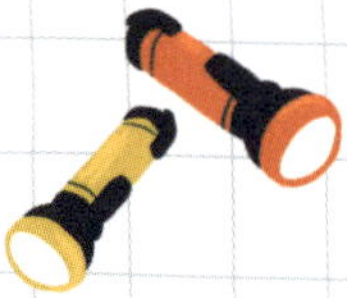

• 2 ou 3 lampes de poche

À toi de jouer !

1 Pose ton objet sur la feuille au milieu de la table.

2 Place une lampe devant l'objet et allume-la. Tu dois voir une ombre de l'objet sur la feuille.

3 Mets la deuxième lampe du même côté que la première, sans qu'elles soient trop près l'une de l'autre. Allume-la.

Combien d'ombres vois-tu maintenant ?

As-tu d'autres petits objets à mettre en scène ?

Cette expérience fonctionne mieux si la lumière de chac lampe est aussi for

Le jeu des ombres dansantes

Propose à tes copains ou à tes parents de faire danser les ombres autour de l'objet qui reste immobile. Lequel d'entre vous réussira le mieux à faire tourner les ombres sans bouger l'objet ?

Quelques conseils

Vérifie qu'une des deux lampes n'a pas une lumière plus faible que l'autre.

Tiens les lampes un peu au-dessus de l'objet.

Éloigne les lampes de l'objet.

55 Collectionne les ombres

Un petit objet peut avoir des ombres très différentes.
En changeant seulement la position de la lampe ou de l'objet, tu pourras te constituer une collection d'ombres variées.

À toi de jouer !

1 Prends la lampe et un des objets. Allume la lampe et essaie de faire apparaître un grand nombre d'ombres différentes de cet objet : pour cela, avance, recule ou incline la lampe. Tu peux aussi déplacer l'objet lui-même ou le support sur lequel est projetée l'ombre.

2 Pour commencer ta collection, dessine ces ombres ou prends-les en photo. Mais n'oublie pas d'enlever le flash !

56

Crée des ombres de couleur

Les ombres que nous voyons sont le plus souvent noires, mais ce n'est pas toujours le cas. Découvre le secret des ombres claires et colorées lors d'un goûter plein de surprises.

Il te faut :

- une bouteille en plastique remplie de soda ou de thé glacé

- une bouteille en plastique remplie d'eau

- une bouteille transparente en plastique remplie de sirop rouge

- une bouteille opaque en plastique remplie de lait

- un mur clair dans une pièce pas trop éclairée

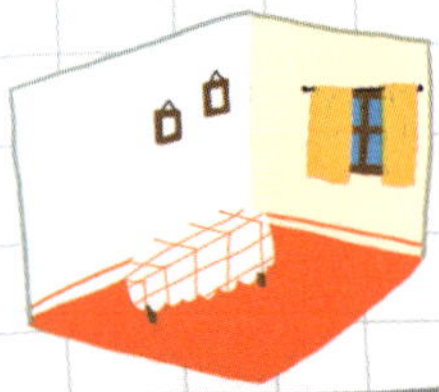

- une lampe de poche

Avant de faire l'expérience…

Enlève les étiquettes des bouteilles, et essaie de deviner de quelles couleurs seront leurs ombres : noire, blanche, transparente ou rouge ?

À toi de jouer !

1 Éclaire les bouteilles et regarde de quelle couleur est leur ombre. Avais-tu bien deviné ?

2 Regarde l'ombre quand la bouteille est à moitié vide, puis lorsqu'elle est complètement vide.

3 Fais danser une ombre ! Fais des vagues dans une bouteille à moitié vide, et regarde son ombre. C'est très joli.

Pourquoi une ombre n'est pas toujours noire ?

57

Joue au théâtre d'ombres

L'ombre donne envie de rêver et de créer des spectacles. Invente ta propre histoire et mets-la en scène dans un théâtre d'ombres dont tu seras à la fois le réalisateur et l'acteur.

Il te faut :

• une feuille de papier calque

• une boîte à chaussures en carton (sans couvercle)

• une paire de ciseaux

• du ruban adhésif

• des cure-dents

• une lampe de poche

• du papier pour réaliser des petits personnages

• un gros livre

À toi de jouer !

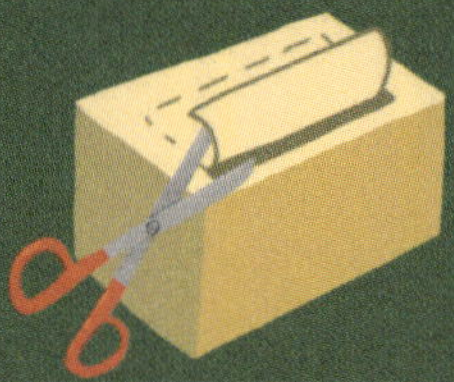

1 Découpe le fond de la boîte à chaussures avec les ciseaux.

2 Avec le ruban adhésif, colle le papier calque sur l'ouverture que tu viens de découper.

3 Pose la boîte sur un livre épais.

4 Avec le ruban adhésif, colle les cure-dents sur les personnages que tu as fabriqués. Il faut que la moitié du cure-dents dépasse : c'est par là que tu vas tenir tes personnages.

5 Place ta lampe de poche face à la boîte en carton du côté du calque.

6 Prends les personnages et tiens-les entre la lampe et la boîte. Ça y est, des ombres apparaissent. Invente une histoire et crée ton spectacle !

Pour fabriquer les personnages...

Dessine la forme des personnages ou des animaux que tu souhaites. Attention à ce qu'ils ne soient pas trop grands !

Découpe-les et scotche les cure-dents dessus.

58

Fais des ombres chinoises

Avec l'ombre de tes mains, invente des têtes d'animaux et de sorcière.

Il te faut :

• une lampe face à un mur clair

• tes deux mains

• un peu d'imagination

• un copain

À toi de jouer !

1 Installe-toi dans une pièce sombre que tu n'éclaires qu'avec la lampe. La lumière doit être dirigée vers le mur. Place tes mains entre la lampe et le mur : tu verras leurs ombres sur le mur.

2 En utilisant les doigts de tes deux mains, essaie d'inventer des ombres qui ressemblent à des animaux.

Réponses :

1 L'oie

2 Le cygne

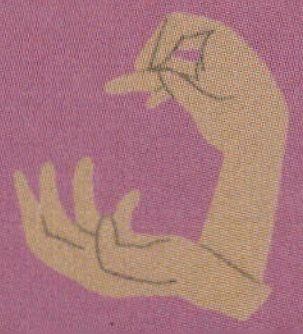

Si tu réussis à reproduire ces ombres sans regarder la solution, tu es un champion !

Tu peux aussi inventer un animal-ombre, et le faire deviner à tes amis.

3 L'éléphant
4 Le lapin
5 La sorcière
6 Le chien
7 Le chat

59 Dessine ton portrait en ombre

On ne se voit presque jamais de profil, à moins de se faire prendre en photo. Grâce à l'ombre, même sans appareil-photo, tu pourras admirer ton profil !

Il te faut :

• une lampe sans abat-jour

• une chaise

• un mur clair dans une pièce où tu peux facilement faire l'obscurité

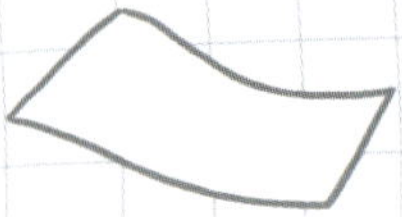

• une grande feuille de papier blanc (format A3)

• un crayon

• un copain et un adulte

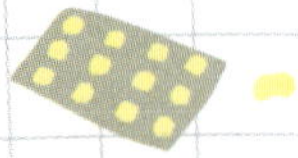

• de la pâte adhésive du type « Patafix »

À toi de jouer !

1 Demande à tes parents d'installer la lampe sur un meuble à peu près à la hauteur de ton corps. La lampe doit éclairer un mur où tu pourras coller la feuille de papier. Lorsque tes parents ont allumé la lampe, n'y touche plus et ferme les rideaux !

Pour que ton portrait soit réussi, tu ne dois pas bouger la tête !

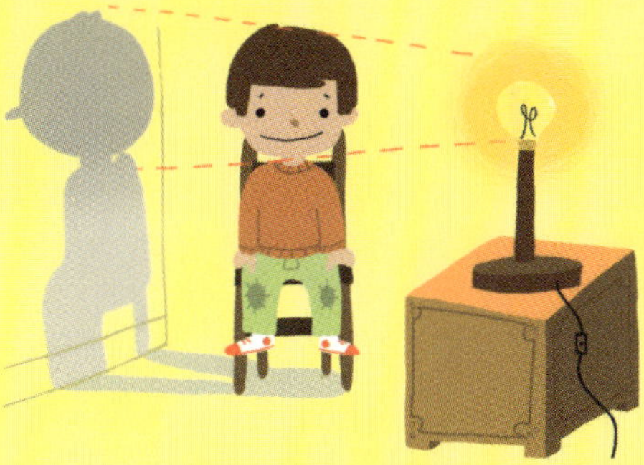

2 Installe une chaise entre le mur et la lampe, pour que ton ombre soit la plus nette possible. Assieds-toi sur la chaise et tourne la tête de façon à ce qu'un seul côté de ton visage soit éclairé par la lumière.

3 Demande à ton copain de coller la feuille de papier avec la « Patafix » à l'endroit où l'ombre de ta tête se projette. Il peut alors tracer au crayon le contour de ton ombre sur la feuille. Lorsque c'est fini, enlève la feuille. Et voilà ton profil en silhouette !

Maintenant, à toi de faire le portait « à la silhouette » de tes copains ou de tes parents… pour constituer un album de portraits en ombre !

Pourquoi dit-on « à la silhouette » ?

Étienne de Silhouette travaillait à la cour du roi Louis XV. Il n'était pas très aimé des riches, car il voulait leur faire payer plus d'impôts. Pour se moquer de lui, les riches faisaient son portrait avec juste quelques traits noirs. Ces dessins ont eu un tel succès que le nom de « silhouette » leur est resté.

60 Attrape un rayon de soleil

Cherche un rayon de soleil avec ton miroir et promène des taches de lumière dans la maison.

Il te faut :

ou

- du soleil
(tu peux essayer avec une lampe, mais c'est moins lumineux)
- un miroir

À toi de jouer !

Oriente le miroir pour attraper un rayon de soleil.
Dirige la tache de lumière vers les petits coins de la maison où le soleil n'arrive jamais.

Carnet de dégustation à utiliser avec les expériences 9, 10, 11, 12.
Découpe le carnet en suivant les pointillés noirs, puis plie-le le long des pointillés rouges.

Recette de bonbons

Nom :

Ingrédients :

Recette de bonbons

Nom :

Ingrédients :

Carnet de dégustation

(écris au crayon à papier pour pouvoir effacer ensuite)

NOTE LE NOM DES GOÛTEURS ET CE QU'ILS ONT RECONNU

	Goûteur 1	Goûteur 2	Goûteur 3	Goûteur 4	aliment à reconnaître
étiquette 1					
étiquette 2					
étiquette 3					
étiquette 4					
étiquette 5					
étiquette 6					
étiquette 7					
étiquette 8					

Recette de pâte de chocolat

Nom :

Ingrédients :

Recette de pâte de chocolat

Nom :

Ingrédients :

Recette de gâteau sans sucre

Nom :

Ingrédients :

Recette de gâteau sans sucre

Nom :

Ingrédients :

Fiches à utiliser avec l'expérience 8 : « Teste des repas extraordinaires ».
Découpe les fiches en suivant les pointillés.

1 FICHE DE DÉGUSTATION

Manger avec trois doigts comme le roi

(Voir au dos les conseils de préparation.)

Résultats		
	Présentation	Goût
Goûteur 1		
Goûteur 2		
Goûteur 3		
Goûteur 4		

Mettez une note sur 10 dans les cases.
Comparez vos avis. Êtes-vous d'accord ?

2 FICHE DE DÉGUSTATION

Manger comme un enfant japonais

(Voir au dos les conseils de préparation.)

Résultats		
	Présentation	Goût
Goûteur 1		
Goûteur 2		
Goûteur 3		
Goûteur 4		

Mettez une note sur 10 dans les cases.
Comparez vos avis. Êtes-vous d'accord ?

3 FICHE DE DÉGUSTATION

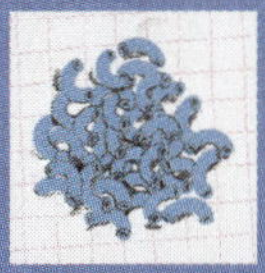

Manger des pâtes bleues

(Voir au dos les conseils de préparation.)

Résultats		
	Présentation	Goût
Goûteur 1		
Goûteur 2		
Goûteur 3		
Goûteur 4		

Mettez une note sur 10 dans les cases.
Comparez vos avis. Êtes-vous d'accord ?

4 FICHE DE DÉGUSTATION

Manger comme un bébé

(Voir au dos les conseils de préparation.)

Résultats		
	Présentation	Goût
Goûteur 1		
Goûteur 2		
Goûteur 3		
Goûteur 4		

Mettez une note sur 10 dans les cases.
Comparez vos avis. Êtes-vous d'accord ?

CONSEILS DE PRÉPARATION

Manger comme un enfant japonais

Il faut :

- un bol de riz par personne
- de la sauce soja pour saler
- des bols avec des morceaux de concombre, de carotte, de poisson cru
- du thé léger dans des bols
- des baguettes : tenir les baguettes n'est pas facile si on n'a pas l'habitude. Mais c'est amusant d'essayer.

Installation :

Préparer le repas sur une table basse, avec des coussins par terre pour s'agenouiller. Mettre tous les aliments sur la table en même temps.

CONSEILS DE PRÉPARATION

Manger avec trois doigts comme le roi

Il faut :

- une soupe à boire au bol
- un plat tiède à manger sur la tranche de pain (par exemple : purée, petits pois, viande)
- une grosse tranche de pain par personne
- un couteau par personne
- un bol pour se laver les mains avant le repas, ou des serviettes

Ni assiettes, ni cuillères, ni fourchettes.

CONSEILS DE PRÉPARATION

Manger comme un *bébé*

Il faut :

- un biberon
- un bol de purée et une cuillère
- des serviettes de bébé

Donner à manger dans les bras, comme à un bébé.

CONSEILS DE PRÉPARATION

Manger des pâtes bleues

Il faut :

- des spaghettis
- du bleu de méthylène (on en trouve en pharmacie) Ne JAMAIS utiliser d'encre !

Préparation :

Ajouter 8 à 12 gouttes de bleu de méthylène dans l'eau de cuisson des pâtes (environ 2 litres d'eau). Préparer les pâtes comme d'habitude.

Parfois, après avoir mangé ce plat, on fait pipi bleu, mais ce n'est pas grave !

Fiches à utiliser avec l'expérience 14 : « Fais comme si tu étais un animal ».
Découpe les fiches en suivant les pointillés.

1 SE NETTOYER COMME UN CHAT

Le chat se lèche avec sa langue râpeuse. À l'aide de ses pattes, il nettoie son museau et ses oreilles. En se tortillant, il réussit à laver tout son corps sauf... le haut du dos.

Essaie de te nettoyer partout comme lui.

Facile ☐ **Difficile** ☐

Les hommes font-ils comme les chats pour se laver tout le corps ?

3 MARCHER COMME UN ÉLÉPHANT

L'éléphant marche sur ses orteils : ses talons ne touchent pas le sol. Sous ses pieds, il a des coussinets élastiques remplis de graisse. Grâce à eux, il marche souplement.

Essaie de marcher sur les orteils comme lui.

Facile ☐ **Difficile** ☐

Les hommes marchent-ils sur leurs orteils comme les éléphants ?

5 IMPRESSIONNER COMME LE GORILLE

Le gorille se dresse sur ses pattes arrière. Il frappe sa poitrine avec ses poings en criant. Il jette des feuilles. Il marche de travers en direction de son adversaire.

Essaie de faire comme lui.

Facile ☐ **Difficile** ☐

Les hommes font-ils comme les gorilles pour s'impressionner ?

7 JOUER À SE BATTRE COMME LES OURSONS

Les oursons se sautent dessus. Quand ils jouent à se battre, ils n'utilisent ni leurs griffes, ni leurs dents. Ils apprennent à lutter sans se faire mal.

Essaie de faire comme eux.

Facile ☐ **Difficile** ☐

Est-ce que les enfants apprennent à lutter sans se faire mal comme les oursons ?

4 MARCHER COMME UN GORILLE

Quand il marche à quatre pattes, le gorille s'appuie sur le dos des mains, les doigts fermés. Ça ne lui fait pas mal, grâce aux coussinets de marche qu'il a sur chaque doigt.

Essaie de marcher en t'appuyant sur les doigts comme lui.

Facile ☐ **Difficile** ☐

Les hommes s'appuient-ils parfois sur le dos de leur main ?

2 S'ÉPOUILLER COMME LES SINGES

D'une main, le singe épouilleur sépare les poils. De l'autre, il cherche les petites bêtes et les saletés. S'il trouve un pou, il le mange. Le singe épouillé se laisse faire avec plaisir.

Essaie de faire comme eux.

Agréable ☐ **Désagréable** ☐

Les hommes font-ils comme les singes lorsqu'ils ont des poux ?

8 JOUER AVEC SA TROMPE COMME LES ÉLÉPHANTEAUX

L'éléphanteau aspire de l'eau dans sa trompe. Il souffle sur un autre éléphant pour l'éclabousser. Raté ! Au début, sa trompe de bébé fait n'importe quoi. Mais en jouant beaucoup avec, il deviendra vite habile.

Essaie de faire comme lui avec ta bouche.

Facile ☐ **Difficile** ☐

Est-ce que les enfants jouent pour devenir habiles ?

6 FAIRE LE MORT COMME L'OPPOSSUM DE VIRGINIE

Si on l'attaque, l'oppossum se couche sur le côté, les pattes raides, la gueule ouverte, les yeux à demi fermés. Il sent même le pourri ! Il peut faire semblant d'être mort pendant 4 heures, même si son attaquant le mordille.

Essaie de faire le mort comme lui.

Facile ☐ **Difficile** ☐

Les hommes font-ils parfois semblant d'avoir mal pour se protéger ?

Fiches à utiliser avec l'expérience 31 : « Teste de curieux mélanges ».
Découpe les fiches en suivant les pointillés.

1 EXPÉRIENCE DES DISPARITIONS

Verse le produit que tu testes dans 1/2 verre d'eau. Remue 1 minute avec une cuillère.

Laisse reposer en comptant jusqu'à 20 : si l'eau est complètement transparente, si la poudre a disparu, on dit qu'elle est « soluble » dans l'eau.

Nettoie très bien le verre et la cuillère quand tu changes de produit.

2 EXPÉRIENCE DES MOUSSES

Verse le produit que tu testes dans un bol très propre. Fouette énergiquement pendant 1 minute avec une fourchette.

Laisse reposer 10 secondes :

- Si tu vois des paquets de petites bulles qui restent collées ensemble, tu as fabriqué une mousse.

- Si tu vois des bulles séparées, ce n'est pas une mousse.

3 EXPÉRIENCE DES COULEURS CACHÉES

Il te faut :
- 1 assiette avec un fond d'eau
- des feutres à l'eau
- 1 filtre à café (ou du papier buvard)

Pour tester :
Dessine 2 gros points de chaque couleur sur le filtre, un à 3 cm du bas et un en haut. Pose le filtre renversé dans l'assiette.

Les points de couleurs doivent être au-dessus de l'eau.

4 EXPÉRIENCE DE LA PÂTE À SCULPTER

Prépare la pâte A dans le bol. Mélange-la bien avec une cuillère propre.

Essaie de sculpter une tête avec.

Si ça ne va pas, essaie la pâte B, puis la C. Quand tu as trouvé les bonnes proportions, note-les au dos de cette fiche.

Pâte A	Pâte B	Pâte C
sel	sel	sel
farine	farine	farine
eau	eau	eau

produit	Il y a de la mousse.	Il n'y a pas de mousse.
1 blanc d'œuf		
1 jaune d'œuf + 1 pincée de sucre		
eau		
eau + shampoing		
boisson gazeuse		

produit	disparaît	ne disparaît pas
1 morceau de sucre		
1 pincée de gros sel		
1 pincée de farine		
1 pincée de sable		

Est-ce que les poudres qui ont disparu n'existent plus ?

Si tu es patient, tu peux le savoir : laisse l'eau s'évaporer quelques jours, et observe au fond du verre.

	trop liquide pour sculpter	trop sèche pour sculpter	bonne pour sculpter
pâte A			
pâte B			
pâte C			

Ma pâte préférée est :

.... cuillère(s) de farine

.... cuillère(s) de sel

.... cuillère(s) d'eau

Je l'appelle : ....

Tu peux utiliser cette pâte pour sculpter. Demande ensuite à un adulte de faire cuire tes sculptures 1 heure dans un four doux à 100 °C. Elles deviendront solides et tu pourras les peindre.

	couleurs cachées	pas de couleurs cachées
feutre noir		
feutre rouge		
feutre marron		
feutre violet		
feutre bleu		
feutre vert		
feutre gris		
....		
....		

Pourquoi voit-on les couleurs grimper dans le papier ?

Parce que l'eau monte dans le papier, et qu'elle emmène les couleurs vers le haut. Elle sépare les encres colorées qui ont servi pour fabriquer un feutre. Et on s'aperçoit que même le feutre noir est fabriqué avec plusieurs couleurs !

Tu as réalisé certaines expériences de ce livre ?
Ces expériences ont l'air drôles.

C'est vrai, mais elles sont aussi très sérieuses.
En les faisant, tu as exploré des phénomènes chimiques, tu as utilisé des propriétés physiques très importantes, tu as fait de la biologie.
Tu as pu découvrir qu'il se passe des choses incroyablement étranges tout près de toi...

Si tu te poses mille questions...

Si tu as envie d'inventer de nouvelles expériences pour chercher les réponses...
Tu es comme les scientifiques qui interrogent le monde pour le comprendre.

Un grand merci aux enfants qui ont testé ces expériences
Églantine, Gabrielle, Lou, Mathis, Valentine, Zoé, Martin, Lilas, Lisa, Théo, Roméo, Heidi, Louise, Juliette, Léonard, Laure, Jeanne, Gaspar, Manon, Esther, Roxane, Julia, Antonin, Clément et Maud.

Les illustrateurs

Aurélie Guillerey
Couverture, expérience 29

Marc Boutavant
Expériences à déguster

Delphine Renon
Expériences pour découvrir les animaux

Jörg Mühle
Expériences avec l'eau, expériences pour rouler

Nathalie Choux
Expériences pour découvrir la chimie

Charlotte Roederer
Expériences avec les sens

Marion Billet
Expériences avec les ombres

Dan Kerleroux
Expériences 4, 45 et 60.

Conseiller éditorial Delphine Grinberg
Conseillers scientifiques Jack Guichard (déguster, eau), **Michèle Van Hollebeke** (rouler, ombres, miroirs, sens), **Pierre Noël** (animaux), **Patrick Zambelli** (animaux), **Astrid Aron** (chimie)
Direction éditoriale Murielle Couëslan assistée de Marie Kojima et Marine Pijollet (Nathan)
Florence Soufflet (Cité des sciences et de l'industrie)
Direction artistique Anne-Catherine Souletie assistée de Marine Debladis, Pauline Martin (Nathan)
Maquette Françoise Maurel

Loi n° 49-956 du 16 juillet 1949 sur les publications destinées à la jeunesse.

Ce livre réunit des extraits de 9 titres publiés précédemment dans la collection Croq'sciences :
Expériences à déguster, Expériences avec l'eau, Expériences pour rouler, Expériences avec les ombres, Expériences pour découvrir les animaux, Expériences avec les miroirs, Expériences pour découvrir la chimie, Expériences avec les sens, Expériences pour les petits curieux

Éditions Nathan, 25 avenue Pierre de Coubertin – 75013 Paris, France
ISBN : 978-2-09-253745-9
N° d'éditeur : 10193916
Dépôt légal : décembre 2012 – Imprimé en France.

Crédits p. 91 : dessin inspiré de l'escalier impossible de Roger Penrose, 1958.
Crédits p. 90-91 : droits réservés.